新时代退役军人就业指导

退役军人事务部退役军人培训中心◎编

中国出版集团
中国民主法制出版社
全国百佳图书出版单位

图书在版编目（CIP）数据

新时代退役军人就业指导 / 退役军人事务部退役军人培训中心编 . —北京：中国民主法制出版社，2024.12.—ISBN 978-7-5162-3815-8

Ⅰ. E263

中国国家版本馆 CIP 数据核字第 2024YZ7804 号

图书出品人：刘海涛
出 版 统 筹：石　松
责 任 编 辑：张佳彬　张　婷
文 字 编 辑：李婷婷

书　　名 / 新时代退役军人就业指导
作　　者 / 退役军人事务部退役军人培训中心　编

出版 · 发行 / 中国民主法制出版社
地址 / 北京市丰台区右安门外玉林里 7 号（100069）
电话 /（010）63055259（总编室）　63058068　63057714（营销中心）
传真 /（010）63055259
http: //www.npcpub.com
E-mail: mzfz@npcpub.com
经销 / 新华书店
开本 / 16 开　710 毫米 ×1000 毫米
印张 / 15.5　**字数** / 226 千字
版本 / 2025 年 1 月第 1 版　　2025 年 1 月第 1 次印刷
印刷 / 三河市宏图印务有限公司

书号 / ISBN 978-7-5162-3815-8
定价 / 42.00 元

目 录

【形势分析篇】

第一章 新时代退役军人就业形势概况

第二章 新职业和热门职业介绍

【职业规划篇】

第三章 退役军人职业生涯规划

第四章 退役军人职业技能培训

第五章 退役军人学历提升指导

【职场成长篇】

第六章 退役军人求职指导

第七章 退役军人参加笔试面试的方法

第八章 退役军人考公考编指导

第十章 退役军人考证指导

第十一章 求职中常见骗局及应对策略

【附录：政策选编】

【形势分析篇】

第一章

新时代退役军人就业形势概况

就业是最基本的民生，党中央、国务院始终高度重视就业工作。党的二十大报告明确提出了实施就业优先战略、促进高质量充分就业的总体要求和重要举措。党的二十届三中全会通过的《中共中央关于进一步全面深化改革　推进中国式现代化的决定》对促进高质量充分就业进行重要部署，明确把健全高质量充分就业促进机制作为重要的改革任务，提出了就业领域的重点改革举措。习近平总书记多次强调，就业工作事关人民群众切身利益，事关经济社会健康发展，事关国家长治久安。要促进高质量充分就业，坚持实施就业优先战略，坚定不移贯彻新的发展理念，坚持依靠发展促进就业，坚持创业带动就业，坚持突出抓好退役军人等重点群体就业。

第一节　党中央、国务院高度重视退役军人就业工作

退役军人是党和国家的宝贵财富，是推进中国式现代化的重要力量，退役军人工作事关改革发展稳定和强军兴军事业。退役军人事务部成立以来，贯彻落实党中央、国务院关于就业工作重要部署，出台了一系列政策法规，以更高站位、更远眼光对退役军人就业工作进行了整体谋划和统筹布局。

一、习近平总书记关于退役军人就业工作的重要论述

习近平总书记从党和国家事业发展全局的战略高度，就退役军人工作包括

退役军人就业工作作出一系列重要论述，为做好这项工作指明了前进方向、提供了根本遵循。

2019 年 3 月 12 日，习近平总书记在出席十三届全国人大二次会议解放军和武警部队代表团全体会议时强调，中央和国家机关、地方各级党委和政府要支持国防和军队建设，做好退役军人安置、伤病残军人移交、随军家属就业、军人子女入学等工作。[①]

2020 年 5 月 11 日至 12 日，习近平总书记在山西考察时指出，要坚持以人民为中心的发展思想，扎实做好保障和改善民生工作，实实在在帮助群众解决实际困难，兜住民生底线，落实就业优先战略和积极的就业政策，突出做好高校毕业生、退役军人、农民工、城镇困难人员等重点群体就业工作。

2021 年 4 月 25 日至 27 日，习近平总书记在广西考察时指出，要提高人民生活品质，落实就业优先战略和积极就业政策，做好高校毕业生、退役军人、农民工和城镇困难人员等重点群体就业工作。[②]

2022 年 10 月，习近平总书记在党的二十大报告中指出，要“加强军人军属荣誉激励和权益保障，做好退役军人服务保障工作。巩固发展军政军民团结”。

2023 年 6 月 7 日至 8 日，习近平总书记在内蒙古考察时强调，“支持多渠道灵活就业，重点抓好高校毕业生、退役军人、农民工等群体就业”。[③]

2024 年 5 月 27 日，习近平总书记在中共中央政治局第十四次集体学习时发表重要讲话，深刻阐释就业在党和国家事业发展全局中的战略性基础性作用，深刻总结新时代我国就业工作取得的历史性成就和宝贵经验，深刻分析当前和今后一个时期就业面临的新形势新挑战，深刻阐明促进高质量充分就业的基本

---

① 《奋力开创新时代退役军人工作新局面——以习近平同志为核心的党中央关心退役军人工作纪实》，载中华人民共和国国防部网，http://www.mod.gov.cn/gfbw/sy/tt_214026/4846586.html。

② 《习近平：让人民生活幸福是“国之大者”》，载新华网，http://www.xinhuanet.com/mrdx/2021-04/28/c_139912290.htm。

③ 《习近平在内蒙古考察时强调：把握战略定位坚持绿色发展　奋力书写中国式现代化内蒙古新篇章》，载中国政府网，https://www.gov.cn/yaowen/liebiao/202306/content_6885245.htm。

★图 1-1　2022 年 10 月 16 日，中国共产党第二十次全国代表大会在北京人民大会堂开幕。习近平代表第十九届中央委员会向大会作报告（图片来源：新华社）

内涵、实践要求和重点任务。[①]

2024 年 7 月 29 日，习近平总书记对退役军人工作作出重要指示。他强调，新时代新征程，退役军人工作要有新担当新作为。切实把退役军人接收安置好、服务保障好、教育管理好、作用发挥好、权益维护好，让军人成为全社会尊崇的职业、让退役军人成为全社会尊重的人。[②]

2024 年 11 月 1 日，习近平总书记发表重要文章《促进高质量充分就业》。文章指出，促进高质量充分就业是新时代新征程就业工作的新定位、新使命。要始终坚持就业优先战略，坚持依靠发展促进就业，提高发展的就业带动力。要完善重点群体就业支持政策，做好退役军人等群体就业工作。坚持创业带动就业。

① 《实施就业优先战略　促进高质量充分就业》，载求是网，https://baijiahao.baidu.com/s?id=1814503708947059520&wfr=spider&for=pc。

② 《习近平对退役军人工作作出重要指示：切实把退役军人接收安置好服务保障好教育管理好作用发挥好权益维护好》，载中国政府网，https://www.gov.cn/yaowen/liebiao/202407/content_6965034.htm。

二、组建退役军人管理保障机构

2017 年 10 月 18 日，习近平总书记在党的十九大报告中指出：“组建退役军人管理保障机构，维护军人军属合法权益，让军人成为全社会尊崇的职业。”2018 年 3 月 12 日，习近平总书记在出席十三届全国人大一次会议解放军和武警部队代表团全体会议时强调：“组建退役军人管理保障机构对于更好为退役军人服务、让军人成为全社会尊崇的职业具有重要意义，要把好事办好办实。”①2018 年 3 月 17 日，十三届全国人大一次会议表决通过了关于国务院机构改革方案的决定，正式批准组建退役军人事务部。

2018 年 4 月 16 日，中华人民共和国退役军人事务部挂牌成立。之后，退役军人事务系统改革梯次接续、前后衔接、压茬推进，截至 2019 年 3 月底，全国县级以上退役军人事务厅（局）全部挂牌运行。县级以上先后成立党委退役军人事务工作领导机构，完善工作运行机制，党对退役军人工作的领导得到全面加强。

建立完善军地合署办公机制，推动将退役军人工作纳入地方党政班子和领导干部考核内容。从国家到村（社区）建成六级退役军人服务中心（站）60 多万个，转隶、接收、成立 4000 多家事业单位和 700 余家社会组织。党领导下的行政机关、服务体系、社会力量同向发力的组织管理体系基本建成。系统联动、军地合力的工作运行体系逐步健全。

组建退役军人管理保障机构，是习近平总书记亲自谋划设计、部署推动的大战略、大手笔；是以习近平同志为核心的党中央统筹国内国际两个大局、着眼经济建设和国防建设融合发展作出的重大决策；是促进国防和军队建设的重大战略举措。伴随这一历史性步伐，退役军人工作迈入新的发展阶段。

① 《习近平在出席解放军和武警部队代表团全体会议时强调 扎扎实实推进军民融合深度发展 为实现中国梦强军梦提供强大动力和战略支撑》，载中国法院网，https://www.chinacourt.org/article/detail/2018/03/id/3227071.shtml。

三、出台《中华人民共和国退役军人保障法》

2020 年 11 月 11 日，中华人民共和国第十三届全国人民代表大会常务委员会第二十三次会议审议通过了《中华人民共和国退役军人保障法》(以下简称《退役军人保障法》)，自 2021 年 1 月 1 日起施行。这是适应新时代退役军人保障工作需要的基础性、系统性和综合性法律文件。

《退役军人保障法》共 10 章 85 条，包括：总则；移交接收；退役安置；教育培训；就业创业；抚恤优待；褒扬激励；服务管理；法律责任；附则。这部法律的出台，对于贯彻习近平总书记关于退役军人工作的重要指示，落实党中央决策部署，系统构建退役军人工作制度体系，推进退役军人工作治理体系和治理能力现代化，加强退役军人服务保障工作，促进经济建设和国防建设，都具有十分重要的意义。

★图 1-2　2021 年 1 月，《中华人民共和国退役军人保障法》正式施行（图片来源：《中国退役军人》杂志）

延伸阅读

山东：探索打造新时代退役军人法律服务体系"高唐模式"

近年来，山东省聊城市高唐县认真贯彻落实习近平法治思想，紧紧围绕"让退役军人获得感成色更足"这一主线，围绕推动新时代"枫桥经验"在服务退役军人工作中落地生根、创新发展，以退役军人法律服务体系建设为总抓手，探索创新“1+3+3+N”退役军人法律服务新模式，在全省率先打造“覆盖城乡、便捷高效、普惠均等”的法律服务矩阵，开创了满足退役军人需求的法律服务新格局，在全县上下形成了军人军属得尊崇、退役军人享实惠、政府社会共发展的生动局面。

健全服务体系，发挥牵头抓总作用。建立退役军人事务部门具体负责、司法行政部门业务指导、有关部门协作配合、社会力量广泛参与的退役军人法律服务机制，以“站＋点”的模式精准服务退役军人。创新“1+3+3+N”退役军人法律服务新模式，即依托县退役军人服务中心新建1个退役军人法律服务工作站，在县人民法院、县人民检察院、县司法局建设3个法律服务工作分站，成立3支退役军人法律专业服务队伍，在全县12个镇（街）退役军人服务站设立退役军人法律服务联络点，同时在人口超过1000人的较大行政村设立退役军人流动服务点，更有针对性地为退役军人提供高品质的法律服务，在全县搭建起县、镇（街）、村三级“横向到边、纵向到底”的退役军人法律服务体系，构建集法治宣传、法律咨询、人民调解、法律援助、司法救助“五位一体”的法律服务模式，基本形成平台功能完善、体制机制健全、队伍素质过硬、服务保障有力的退役军人法律服务工作格局。

深化协作配合，发挥矛盾纠纷多元化解机制作用。以践行新时代“枫桥经验”为引领，充分发挥县、镇（街）、村退役军人服务中心（站）紧密联系退役军人的优势，建立健全退役军人矛盾纠纷预警机制，及时了解、发现、掌握各类退役军人矛盾纠纷苗头隐患，增强预见性、主动性。县退役军人事务局与县人民法院、县人民检察院、县司法局深化密切协作，建立常态化沟通协调、保护退役军人合法权益联络机制、联席会议制度，灵活运用科技化、信息化手段，开展视频接访、在线调解等，为退役军人搭建“零距离”、低成本表达和解决诉求平台，“线上＋线下”快速解纷。综合运用法律服务和教育、协商、调解、疏导等办法，综合施策，及时调处化解退役军人矛盾纠纷，切实维护退役军人合法权益。

整合社会力量，发挥好社会专业力量作用。借助社会多元力量，盘活用好社会资源，运用好市场、公益、慈善、司法救助、法律援助等多种途径，做实做强退役军人法律服务工作，鼓励律师、老班长等参与“荣军法援”“荣军调解”，推动更多社会组织、机构、专业力量、志愿力量参与到退役军人法律服务工作中。

（资料来源：退役军人事务部官网）

第二节　退役军人就业工作高质量发展

习近平总书记高度重视退役军人就业工作，多次强调退役军人是党和国家的宝贵财富，是推进中国式现代化的重要力量。近年来，退役军人事务部党组以促进退役军人高质量充分就业为目标，努力扩大就业容量、提升就业质量，取得了一定成效。当前退役军人就业形势总体稳定。

一、全面推进退役军人就业工作

（一）退役军人就业创业工作体系基本建立

目前，全国省市两级行政机关和服务体系普遍设立就业创业专门机构，县乡村三级设有专职或兼职工作人员；各级退役军人就业创业促进会等组织正在探索成立，党领导下的行政机关、事业单位、社会组织“三驾马车”齐抓共管退役军人就业创业新格局基本形成。

（二）就业招聘渠道和规模稳步拓展

一是深入推进企业合作就业模式。通过与企业“签约合作”，动员企业优先招用退役军人或拿出一定数量岗位专招、直招退役军人。近几年，退役军人事务部与《人民日报》合作发布“全国退役军人就业合作企业光荣榜”，先后与69家大型央企、知名企业签约，指导带动各地退役军人事务部门与全国近2万家企业签约合作。二是逐步推进行业合作就业模式。聚焦退役军人的军事职业技能和自身特点，引导退役军人到适合领域、重点行业就业。例如，实施兵海员培养“浪花计划”；面向自主就业退役士兵定向招录消防员；打通优秀退役军人到中小学任教的机制渠道；试点人民警察辅助人员招聘中优先聘用退役军人等。三是创新探索跨区域就业合作模式。针对各地教育培训资源分布不均、就业需求和岗位供给不匹配等客观情况，探索推进培训就业跨区域合作。

（三）创业扶持环境条件持续优化

聚焦拓展平台，截至2024年9月，连续举办三届全国退役军人创业创新大赛，累计2万多家企业及创业团队、11.5万多名退役军人参加，推动部分企业实现强强合作、抱团取暖或异地投资。举办了首届全国退役军人创业创新成果展交会，汇集了全国各地近500家优秀退役军人创业创新企业、800多个项目和产品，为退役军人创业创新企业搭建展示、交流、合作的平台。各地通过挂牌、与社会组织或企业合作等方式，建立退役军人就业创业园地或专区，助力退役军人创办中小微企业、个体工商户等市场主体。

（四）以高质量就业为目标的教育培训扎实推进

一是适应性培训工作全面推开。自2019年起，逐步推行适应性培训，帮助退役士兵顺利实现“军地”角色转换。二是职业技能培训创新开展。围绕先进制造业、战略性新兴产业、现代服务业，创新开展职业技能培训；鼓励退役军人参加国家职业技能提升行动，全面提升退役军人的职业技能和就业创业能力。三是学历教育有序实施。联合教育部等6部门开展高职扩招专项工作；实施“退役大学生士兵专项硕士研究生招生计划”；施行退役军人免试专升本政策，为退役军人提升学历提供新的机会。四是终身教育体系持续完善。推动建设“退役军人网络学院”，为退役军人提供“人人皆学、处处能学、时时可学”的终身教育服务体系，增强退役军人的发展后劲。

二、出台退役军人就业相关政策

在政策制度体系方面，退役军人事务部单独或联合有关部门出台学历教育技能培训、就业促进、创业扶持等各类政策性文件30个。助力政策落实，体现尊崇尊重、服务保障并重的就业创业政策法规体系“四梁八柱”基本成型。

2019年，《关于进一步扶持自主就业退役士兵创业就业有关税收政策的通知》发布，自主就业退役士兵从事个体经营的，企业招用自主就业退役士兵的，均按照有关规定享受税收优惠政策。同时，退役军人还享受研发费用税前加计扣除、小规模纳税人阶段性免征增值税、小微企业减征所得税、增值税留抵退税等普惠税费减免政策。

2020 年，出台《关于规范退役军人就业创业指导团队建设的通知》，明确指导团队入选标准、职能作用和组织管理方面的原则性要求。

2021 年，出台《关于促进退役军人到开发区就业创业的意见》，要求各地结合实际情况，制定具体措施，引导开发区支持退役军人就业创业，保障退役军人在本区域就业创业享受同等条件下优先、普惠基础上优待；出台《关于全面做好退役士兵教育培训工作的指导意见》，面向退役军士和退役义务兵，建立包括适应性培训、职业技能培训、学历教育和终身学习的教育培训体系；出台《关于促进退役军人投身乡村振兴的指导意见》，从拓宽就业渠道、强化培育赋能、加强政策支持、优化服务保障 4 个方面支持退役军人返乡入乡干事创业；出台《关于加强和改进退役军人人事档案管理利用工作的意见》，推动建立管理规范、运转高效、安全可靠的退役军人人事档案工作机制；印发《退役军人逐月领取退役金安置办法》，将服役年限或担任军官年限作为逐月领取退役金安置的基本条件，是对我国退役军人安置政策进行的重大调整，能够更好地适应新时代军地改革发展的新形势、新要求。

2022 年，围绕退役军人关注的就业创业重点、热点问题，退役军人事务部又联合相关部门密集推出一系列政策。聚焦稳就业，印发《关于促进优秀退役军人到中小学任教的意见》，创新开展“兵教师”工作，进一步拓宽就业渠道、提升就业质量；印发《关于引导和鼓励民营企业招用自主就业退役军人的意见》，明确加大职业培训力度、加强项目扶持、优化供地保障、降低要素成本、强化金融支持、落实税收优惠等政策举措；印发《关于支持退役军

★图 1–3　安徽省安庆市退役军人教师资格考试专项培训示范班在安庆市人民警察训练学校开班（图片来源：安徽省退役军人事务厅）

人创业创新的指导意见》，在金融、税收、供地保障、创业培训、产业项目扶持等方面给予创业支持；印发《关于做好自主就业退役士兵从事个体工商户经营有关工作的通知》，引导多渠道就业创业。聚焦解难题，印发《关于用足用好优惠政策扎实做好退役军人就业创业工作的通知》，帮助退役军人创办的中小微企业、个体工商户等市场主体纾困解难。

2023 年，退役军人事务部等 8 部门联合印发的《关于加强就业困难退役军人帮扶工作的意见》中强调，“以实现更加充分更高质量就业为目标，立足就业困难退役军人的特点和需求，通过强化择业引导、加强岗位推荐、支持创业和灵活就业、落实帮扶措施、用好公益性岗位、做好技能培训等，提供多岗位供给、多渠道保障的帮扶，使就业困难退役军人及时就业”。① 加快推进《退役军人安置条例》制定工作。修订印发《安排工作退役军士和义务兵服现役表现量化评分办法》，重德才、重实绩、重贡献安置导向更加鲜明，激励引导现役军人聚焦备战练兵、积极建功军营。②

三、落实退役军人教育培训

退役军人事务部等 7 部门联合印发的《关于全面做好退役士兵教育培训工作的指导意见》中提出，“建立包括适应性培训、职业技能培训、学历教育和终身学习的教育培训体系”。退役军人事务部办公厅印发《退役军人就业创业培训工作管理指南》，规范机构管理，扩大培训供给；规范培训内容，提升适应性培训质量。退役军人事务部印发《退役士兵教育培训政策摘要二十三条》，让更多的退役军人了解政策，运用政策。退役军人事务部退役军人培训中心组织编写了《自主就业退役士兵适应性培训教材》《新时代退役军人创业指导》《退役军人工作政策法规汇编与解读》等培训教材。

全国各地强化就业导向，促进退役军人职业教育培训提质增效。例如，上

① 《退役军人事务部等 8 部门联合印发意见加强就业困难退役军人帮扶工作》，载中华人民共和国退役军人事务部网，https://www.mva.gov.cn/fuwu/xxfw/jyfw/202302/t20230217_73269.html。

② 《2023 年退役军人工作特稿之七：以党的二十大精神为指引　努力在推进移交安置工作高质量发展上见实效》，载中华人民共和国退役军人事务部网，https://www.mva.gov.cn/xinwen/xwfb/202401/t20240124_275816.html。

★图 1-4　陕西省退役军人电梯维保培训班圆满结业，参加本次培训的 20 名退役军人全部通过了电梯维保（T 级）资格证书考试（图片来源：陕西省退役军人事务厅）

海市创新培训项目课程，“全媒体运营师”契合平台风口，“碳排放管理师”契合政策热点，“西式面点师”契合民生实际，“城市公交驾驶员”契合企业需求，培训项目既满足了退役军人的实际需求，也适应了经济社会的发展趋势。陕西省构建完善适应性培训、技能培训、学历教育有机结合的培训体系，加快提升退役军人职业素质、技能水平，促进赋能就业；建立培训机构信息黄页和教育培训实名台账，动员近 5000 名退役军人报名参加免费技能培训；积极推动产教融合、校企合作，开展茶产业、生态养殖、国家职业资格游泳救生员等“订单式”“定向式”“定岗式”培训 4300 余人，促进参训即入职、供需互利共赢。湖南省对开展适应性培训、组织职业技能培训、支持学历提升的经费来源、减免标准等进行了明确，进一步加大工作经费保障。

2024 年 1 月，全国退役军人事务厅（局）长会议在京召开。[①] 会议要求，精心做好安置就业工作，不断完善安置机制，加大就业扶持力度，积极搭建作用发挥平台，切实把退役军人安置好、使用好、作用发挥好。

2024 年 7 月召开的全国退役军人工作会议强调，要强化就业创业扶持，完善就业困难退役军人帮扶机制，用好创业扶持政策，更好激发退役军人就业创业活力，助力经济发展、民生改善、社会稳定。[②]

---

① 《全国退役军人事务厅（局）长会议在京召开》，载中华人民共和国退役军人事务部网，https://www.mva.gov.cn/sy/xx/bnxx/202401/t20240110_266199.html。

② 《习近平对退役军人工作作出重要指示：切实把退役军人接收安置好服务保障好教育管理好作用发挥好权益维护好》，载中国政府网，https://www.gov.cn/yaowen/liebiao/202407/content_6965034.htm。

第三节　当前全国就业形势

2024 年是全面贯彻党的二十大精神的关键之年，是深入实施“十四五”规划的攻坚之年。当前，我国发展面临的形势错综复杂，但顶住了外部压力、克服了内部困难，经济回升向好，就业形势逐渐明朗，值得退役军人期待。

一、全国就业形势现状概述

（一）全国就业形势现状

1. 总体稳定、积极改善。根据人力资源社会保障部对外公布的数据，2023 年，全国城镇新增就业 1244 万人，就业形势保持总体稳定。[①]

就业优先政策深入实施。2023 年延续实施阶段性降低失业和工伤保险费率、稳岗返还、一次性扩岗补助等政策，为企业减少成本超过 2000 亿元，支出就业补助资金超过 1000 亿元。

重点群体就业工作持续加强。实施高校毕业生等青年就业服务攻坚行动，帮助未就业毕业生尽早就业；组织实施“三支一扶”计划，共招募 4.2 万名高校毕业生到基层服务；举办劳务协作暨劳务品牌发展大会，开展防止返贫就业攻坚行动。截至 2023 年底，脱贫人口务工规模达到 3397 万人。

职业技能培训扎实开展。突出高校毕业生、农村转移劳动力等重点群体，大规模开展职业技能培训。2023 年 1 月至 9 月发放职业培训券 899 万张，延续实施技能提升补贴政策，开展补贴性职业技能培训 1300 多万人次。

就业服务不断优化。接续推出民营企业服务月等活动，优化重点企业用工服务保障，2023 年 1 月至 9 月为 7 万余家重点企业解决用工需求 162 万余人。

2. 新的就业增长点将不断出现。2024 年第一季度就业形势稳中向好。国家统计局的数据显示，全国城镇调查失业率均值为 5.2%，同比下降 0.3 个

① 《人社部：就业局势保持总体稳定　2023 年城镇新增就业 1244 万人》，载中国财经网，https://finance.china.com.cn/news/20240124/6075595.shtml。

百分点。特别是3月以来，企业加快复工复产，劳动力市场活跃度提升，就业人员增加，为就业形势改善提供了十分有力的支撑。1—3月，全国城镇新增就业303万人，同比增加6万人。实现失业人员再就业113万人，为近年同期较高水平。

在人力资源社会保障部举行的2024年一季度新闻发布会上，就业促进司负责人表示，下一步将认真贯彻落实中央经济工作会议和全国两会部署，全力以赴稳就业、保用工、促发展，努力完成全年就业目标任务。

（1）着力支持稳岗扩岗。延续实施降低失业、工伤保险费率等政策，落实和完善稳岗返还、专项贷款、就业补贴等政策，加强对民营经济、中小微企业等各类经营主体支持，大力推进“直补快办”，充分释放稳岗效能。

（2）着力拓宽就业渠道。实施先进制造业促就业行动，加快培育数字经济、银发经济等就业新增长点，创造更多高质量的就业机会。深入实施重点群体创业推进行动，开展创业资源对接活动，筹备举办“中国创翼”创业创新大赛，充分发挥创业带动就业的倍增效应。

（3）着力强化精准服务。持续开展民营企业招聘月等“10+N”就业服务专项活动，提升市场热度和匹配效率。落实推动公共就业服务下沉基层的政策举措，打造“家门口”就业服务站、15分钟就业服务圈，充分发挥6900多家零工市场供需对接作用，为企业和劳动者提供高效、便捷、精准的就业服务。

（4）着力支持重点群体。强化促进青年就业政策举措，实施百万就业见习岗位募集计划，落实就业困难青年专项帮扶行动，千方百计拓宽就业渠道。强化脱贫人口及农民工就业支持，健全劳务协作机制，深入实施防止返贫就业攻坚行动。加强困难群体就业帮扶，兜住兜准兜牢民生底线。

延伸阅读

全国退役军人就业创业工作会议在遵义召开

★图 1-5　2024 年全国退役军人就业创业工作会议在贵州省遵义市召开

2024 年 3 月，全国退役军人就业创业工作会议在贵州省遵义市召开。会议坚持以习近平新时代中国特色社会主义思想为指导，深入学习贯彻党的二十大和二十届二中全会精神，认真贯彻落实习近平总书记关于退役军人工作重要论述和关于退役军人就业创业工作重要指示批示精神，围绕促进退役军人就业创业工作高质量发展，总结年度工作，分享经验做法，查找不足和问题，研究部署下一步工作。会议认为，各级退役军人事务部门坚决贯彻落实党中央、国务院决策部署，坚持问题导向，在完善政策制度、提升就业服务、强化创业扶持、加强教育培训等方面扎实推进各项工作，亮点举措不断呈现，各项工作取得明显成效，全国退役军人就业形势整体稳定。同时也面临一些困难和问题，需要各级退役军人事务部门与各有关部门合力共为，共同研究解决。会议指出，当前我国经济发展形势呈现回升向好态势，但外部环境依然复杂严峻，就业总体压力依然较大，各地要总结推广行之有效的经验做法，着力破解工作中发现的难点问题，以开拓创新的精神抓好各项工作的落实。会议强调，今年政府工作报告对稳就业工作作了部署要求，各地要进一步提高政治站位，结合落实全国退役军人事务厅（局）长会议精神，从持续拓宽就业渠道、推进创业带动就业、优化学历提升模式、完善教育培训方式、增强服务精准性、提升干部队伍能力素质等方面下功夫，搭好平台用好抓手，推进退役军人就业创业服务精准见效。

（资料来源：退役军人事务部官网）

（二）全国就业形势趋势

纵观“十四五”时期，我国人口与经济结构加快转型，劳动力供给侧与需求侧均出现较大变化。从国内看，人口老龄化进程持续加快，“十四五”时期我国将步入“中度老龄化”社会，中华人民共和国成立之初的“婴儿潮”一代进入退休阶段，我国劳动力供给减少幅度将进一步扩大。从国际看，当今世界正经历百年未有之大变局，国际环境的不稳定性、不确定性明显增加，外部冲击对我国就业需求产生一定负面影响，但不会改变劳动力供求总体格局。

★图 1-6　2023 年 3 月，内蒙古自治区赤峰、通辽两市举办退役军人专场招聘会，吸引各地退役军人前来就业创业，促进区域间退役军人优秀人才流动（图片来源：包头市退役军人事务局）

总体来看，“十四五”时期我国就业形势将继续保持平稳；同时，就业结构和就业主要矛盾将发生以下深刻变化。

1. 劳动力供求格局保持总体平衡，劳动力供给相对短缺将持续存在。从劳动力需求来看，“十四五”时期劳动力需求总量仍然保持增长态势。根据中国社会科学院人口与劳动经济研究所课题组的预测，假定从 2023 年到 2025 年经济增速分别为 6%、5% 和 4%，我国劳动力需求总量将增长到 2025 年的 7.80 亿～7.83 亿人。总体上，劳动力供给缺口预计到 2025 年将扩大到 600 万人左右，到 2035 年将扩大到 2000 万人左右。

2. 我国就业主要矛盾将发生深刻变化，总量矛盾趋于缓和，结构性矛盾成为主要矛盾。“十四五”时期经济发展进入新阶段，劳动力市场发生深刻转变，服务业就业比重持续提高，就业总需求能够保持稳定，但劳动供给弹性呈现持续下降态势，依靠工资增长扩大城镇劳动力供给的作用明显减弱，结构性问题更加突出。

因此，经济发展将更加依靠劳动生产率提高，就业政策和就业工作的主要目标将更加突出就业高质量发展，以高质量就业促进经济高质量发展，不断提升人民生活品质。

二、全国未来就业形势分析

（一）新的岗位需求和更多的收入机会

国家信息中心分享经济研究中心发布的报告显示，2022 年我国共享经济市场规模持续扩大，在增强经济发展韧性和稳岗稳就业方面继续发挥积极作用，共享经济主要领域亮点凸显。[①] 全年共享经济市场交易规模约 38320 亿元，同比增长约 3.9%。不同领域共享经济发展的不平衡性凸显，生活服务和共享医疗两个领域市场规模同比分别增长 8.4% 和 8.2%，增速较上年分别提高了 2.6 个百分点和 1.7 个百分点，呈现出持续快速发展的良好发展态势。

★图 1-7 江苏省盐城市响水县响水镇苗寨村党总支书记、村退役军人服务站站长孙晓梅正通过网络直播向粉丝推介农民自己的农副产品（图片来源：盐城市退役军人事务局）

① 《中国共享经济发展报告（2023）》，载国家信息中心互联网门户网站，http://www.sic.gov.cn/sic/93/552/557/0223/11819_pc.html。

（二）就业机会和形态向整个产业链延伸

新职业不断涌现，并且带动就业机会数量和就业形态呈现出向整个产业链延伸的特点。随着数字经济规模不断壮大，数字产业化范围迅速拓展，传统产业加速数字化转型，产生了大量新职业需求。自 2019 年人力资源社会保障部重启新一轮新职业发布以来，截至 2022 年，已陆续发布 5 批共 74 个新职业（其中，2020 年发布两批）。[①] 新职业的出现生动体现了我国经济发展“量”与“质”的变化，不仅丰富了就业岗位的种类，而且持续提高就业质量，并给整个社会就业结构带来深刻变化。

（三）就业市场结构变化

新就业还带来就业市场结构的变化。越来越多的人可以按照自己的兴趣、技能、时间及拥有的各种资源，以自雇型劳动者身份灵活就业。自谋职业、短期合同工作、非全日制工作等灵活就业形态的占比越来越高。劳动力市场也存在着岗位空缺和失业人员并存的现象。从发展趋势上看，未来的就业市场将呈现出传统雇佣就业、基于网络的灵活就业、服务外包和众包等多元并存的格局。

（四）就业市场更加灵活包容

新就业形态因其较高的包容性和灵活性，不仅有助于缓解重点群体的就业压力，而且有利于应对就业市场的不确定性，增加劳动者收入和改善民生。依托网络平台的新就业涉及领域宽、包容性强，既有创意策划、软件设计、在线教育等适合大学生群体的知识密集型复杂劳动就业岗位，也有外卖骑手、网约车司机、云客服等适合文化水平不高群体的熟练性劳动就业岗位，为社会重点群体的就业创造了更广阔的空间和更多的机会。

① 《新职业开辟就业新空间》，载人民网，http://edu.people.com.cn/n1/2022/1201/c1006-32578471.html。

延伸阅读

退役军人就业创业工作和“双拥”工作融合发展的有益探索

2023 年 9 月，中国退役军人就业创业服务促进会以中稹进出口集团有限公司为支撑，设立创业发展服务专业委员会（以下简称“专委会”）。一年来，专委会精心打造“绝一手·戎装营”退役军人就业创业公益服务平台，将退役军人就业创业工作和“双拥”工作融合发展，取得了明显的成效。

专委会和服务平台在各地广泛设立孵化基地，开设拥军食堂和拥军超市门店，扶持退役军人就业创业，为现役军人、退役军人及其他优抚对象提供优惠的购物服务；着力打造拥军园区，建设国防教育示范基地；开展退役军人职业技能培训，采取实战化教学、以工代训方式，避免学用脱节问题，提高培训的实效性；开展慈善公益活动，设立慈善基金，在全国各地开展了多场公益捐助资助活动。

★图 1-8 “绝一手·戎装营”拥军超市（陕西富平店）

（资料来源：中国新闻网）

三、退役军人的职场优势

从军的经历使得退役军人有很多优势，这些优势有助于他们在职场上更好地适应组织文化和组织管理方式，快速成长为各类单位的中坚力量。

（一）政治素质优势

党对军队的绝对领导是人民军队的建军之本、强军之魂。退役军人曾在部队受党教育多年，对党忠诚，信仰坚定，忠于祖国，服务人民，熟悉党和国家的大政方针，在重大问题上能够做到立场坚定、旗帜鲜明，在关键时刻能够信得过、靠得住。不论退役军人从事什么工作，这些过硬的政治素质都让其具有独特的优势。

★图 1-9 湖北省鄂州市“张富清老兵志愿服务队”积极开展助残志愿活动（图片来源：湖北省退役军人事务厅）

（二）职业素质优势

军队是高度专业化的组织。近年来，军地双方都非常重视“两用”人才培养，退役军人在部队就学习了比较丰富的军地“两用”知识，为在地方工作打下了较好的基础。军队是纪律严明的组织，退役军人在部队多年，养成了令行禁止、雷厉风行的优良作风和敢打硬仗、百折不挠的意志品质，这些优秀的品质非常有利于退役军人在新的岗位上建功立业。

（三）组织协调优势

部队是一个团结战斗的组织，每位军人在入伍之初就接受了团结教育。退役军人在部队形成的团结协作、热爱集体的宝贵品质，在地方同样能发挥重要作用。部分退役军人在服役时承担过管理职责，具备较强的组织、协调、指挥等方面的能力，这些能力在地方工作中同样具有优势。此外，退役军人在部队结交了许多战友，他们分布在各个行业，这些资源可以为他们在工作上提供有力的帮助和支持。

四、退役军人就业建议

就业既是人生的重要课题，也是实现自我价值的重要途径。当前就业市场竞争虽然非常激烈，但是在部队锻炼成长的经历，使退役军人拥有独特的优势和潜力，经过努力，一定能够找到适合自己的工作。同时，退役军人也要做好准备。

（一）持续学习提升

退役军人到地方工作后，需要学习新的技能和知识，以适应新的岗位和职责。学习的方式多种多样：通过在线教育平台、微课程、学术博客等网络资源，获取相关的学习资料和知识；报名参加各类职业培训班，提高自己的技能水平和专业知识；向相关领域的专家请教，听取他们的意见和建议。

（二）积极获取信息

退役军人要拓宽视野，主动寻找机会，积极参与社会活动，通过各种途径和渠道来获取信息与资源。比如，向身边的朋友、同事、老师等寻求帮助，加入相关的社交群组或组织，从中获取更多的信息和资源，增加对社会发展趋势和行业动态的了解，以便更好地面对挑战、把握机遇。

（三）做好职业规划

制订一份适合自己的职业规划，明确职业目标和发展方向，做好长远打算。在制订职业规划时，要认真分析自己的优势和短板，理性评估自己的能力和经验，并结合行业和市场的需求，确定自己的职业方向和目标。同时，也要掌握所从事行业的相关知识和技能，增强自己的竞争力。此外，还要有一定的灵活性，在职业规划中留有调整的余地，以便更好地应对未来的变化和挑战。

（四）注重人际圈的建设

建立自己的社交网络，扩大交往范围。可以通过加入行业协会、参加线上活动等方式，增加自己的人脉和资源，与他人交流和分享信息资源，提高自己的专业能力，拓展职业发展机会。此外，还可以借助社交媒体等在线平台，通过网络建立起更广泛的人际关系。在与他人交往过程中，要把握好分寸，既要注重礼仪，尊重他人，注意言辞和形象；同时也要注意保护好个人隐私和安全，不要盲目信任他人。

★图 1-10 黑龙江省大庆市建立“橄榄绿”志愿服务队伍 916 支，累计服务 6 万多小时（图片来源：黑龙江省退役军人事务厅）

（五）积极参与公益活动

比如义工活动、文化活动，退役军人在社会上的信誉度较高，参加这些公益活动有助于扩大自己的社交圈，结识更多志同道合的朋友。同时，还能丰富人生经历，有机会展示自己的特长和能力，进一步树立退役军人的良好形象。

（六）坚持体育锻炼

要注意坚持体育锻炼，保持良好的精神状态。可以根据自身情况，选择一些适合自己的有氧运动，如跑步、游泳、骑车等，也可以参加一些休闲娱乐活动，保持身体健康，为职业生涯打下良好的基础。

延伸阅读

退役军人事务部部署开展2024年度退役士兵就业服务专项行动

2024年3月，退役军人事务部办公厅印发《关于组织开展2024年度退役士兵就业服务专项行动的通知》（以下简称《通知》），以稳定退役士兵就业为重点，部署开展2024年度专项就业服务。

按照《通知》安排，2024年度专项行动主要围绕5个主题展开。一是跨区域联合招聘活动，鼓励各省（自治区、直辖市）、相关地市合作，共享优质就业岗位资源，促进退役士兵合理流动、实现就业。二是行业领域专场招聘（宣介）活动，结合地方（区域）优势行业、聚集产业，联合行业协会、产业商会等，发布一批市场需求度高且与退役士兵相适应的岗位，促成有一定技术储备的退役士兵便利求职、集中就业。三是就业合作企业专项招聘活动，结合全国民营企业招聘月活动，充分发挥民营企业吸纳就业主渠道作用，鼓励与退役军人事务部门签约合作的各地企业积极参与，支持退役士兵就业。四是高校退役士兵毕业生就业服务活动，会同人社、教育等部门组织开展政策进校园、岗位进校园、专场招聘等，促进有就业意愿的应届退役士兵毕业生、离校未就业高校退役士兵毕业生通过多种途径实现就业。五是就业困难退役士兵帮扶活动，重点加强相关政策宣传和就业指导帮扶，会同人力资源社会保障部门落实就业援助政策措施，有针对性地推荐岗位信息。此外，各地可以根据实际情况策划组织其他具有本地特色的就业服务。

《通知》要求，各地要提高政治站位，充分认识开展退役士兵就业服务专项行动的重要意义，认真谋划安排，精心开展好各项活动。要强化精准服务，紧密结合当地退役士兵就业需求、职业技能培训热点和突出就业岗位资源，提供更加精细的就业服务，提高人岗匹配成功率。要注重政策宣传，进一步提高宣传实效，确保退役士兵对优惠优待政策充分了解。同时，鼓励各地在方法渠道上探索创新，并定期做好就业情况的跟踪汇总工作。

据悉，退役军人事务部于2023年启动年度退役军人就业服务专项行动计划，一年来指导全国各级退役军人事务部门共举办招聘会近1.2万场次，提供就业招聘岗位706.7万个，退役军人达成就业意向39.4万人，人数较2022年同比增加7.4%，就业服务效能得到切实提升。2024年的专项行动将进一步加强就业支持和服务力度，为退役士兵求职就业和用人单位招聘用工搭建平台，促进供需匹配，推进稳就业工作。

（资料来源：退役军人事务部官网）

第二章

新职业和热门职业介绍

随着经济社会的发展，经济结构的不断调整，产业形态发生了新的变革，进而涌现出许多新职业。这些新职业以数字产业、现代服务业、绿色产业领域为主，适应社会的需要，有良好的发展前景。广大退役军人只要认真学习，并接受相应的培训，就能够较好地胜任相应的工作。同时，社会上现有的一些职业更适合退役军人。本章重点介绍人力资源社会保障部近两年发布、公示的新职业以及其他适合退役军人的有关职业，希望广大退役军人对这些职业给予关注，结合自己的实际情况进行选择，通过参加培训提升能力，找到理想的工作。

第一节　人力资源社会保障部发布的新职业介绍

一、人力资源社会保障部 2022 年发布的新职业介绍

2022 年 6 月，人力资源社会保障部会同市场监管总局、国家统计局向社会正式发布包括机器人工程技术人员、增材制造工程技术人员、商务数据分析师、碳汇计量评估师等在内的 18 个新职业。

1. 机器人工程技术人员。从事机器人结构、控制、感知技术和集成机器人系统及产品研究、设计的工程技术人员。

2. 增材制造工程技术人员。从事增材制造技术、装备、产品研发、设计

并指导应用的工程技术人员。

3. 数据安全工程技术人员。从事数据安全需求分析挖掘、技术方案设计、项目实施、运营管理等工作的工程技术人员。

4. 退役军人事务员。在退役军人服务中心（站）从事退役军人政策咨询、信访接待、权益保障、安置服务、就业创业扶持等事务办理的人员。

5. 数字化解决方案设计师。从事产业数字化需求分析与挖掘、数字化解决方案制订、项目实施与运营技术支撑等工作的人员。

6. 数据库运行管理员。对系统所使用的数据库进行维护及管理等工作的人员。

7. 信息系统适配验证师。从事信息系统基础环境、终端、安全体系、业务系统的适配、测试、调优、数据迁移、维护等工作的人员。

8. 数字孪生应用技术员。使用仿真技术工具和数字孪生平台，构建、运行维护数字孪生体，监控、预测并优化实体系统运行状态的人员。

9. 商务数据分析师。从事商务行为相关数据采集、清洗、挖掘、分析，发现问题、研判规律，形成数据分析报告并指导他人应用的人员。包含但不限于贸易数据申报师、智能商务策划师。

10. 碳汇计量评估师。运用碳计量方法学，从事森林、草原等生态系统碳汇计量、审核、评估的人员。

11. 建筑节能减排咨询师。应用节能减排技术，从事建筑及其环境、附属设备测评、调适、改造、运维等工作的咨询服务人员。

12. 综合能源服务员。从事客户用能情况诊断，综合能源方案策划，并组织实施和运维管理的人员。包含但不限于综合能源运维员。

13. 家庭教育指导师。从事家庭教育知识传授、家庭教育指导咨询、家庭教育活动组织等的人员。

14. 研学旅行指导师。策划、制订、实施研学旅行方案，组织、指导开展研学体验活动的人员。

15. 民宿管家。提供客户住宿、餐饮以及当地自然环境、文化与生活方式体验等定制化服务的人员。

16. 农业数字化技术员。从事农业生产、农村生活数字化技术应用、推广和服务活动的人员。

17．煤提质工。以煤为原料，操作干燥窑、热解窑、提质煤冷却器、急冷塔等设备，提高煤品质的生产人员。

18．城市轨道交通检修工。使用制动测试台、车轮轮缘尺、红外热像仪、扭矩扳手、液压起道器等检测设备和维护工器具，检修及维护保养城市轨道交通设备和设施的人员。包含但不限于城市轨道交通车辆检修工、城市轨道交通机电检修工、城市轨道交通线路检修工、城市轨道交通桥隧检修工、城市轨道交通站台门检修工、城市轨道交通自动售检票检修工。

二、人力资源社会保障部 2024 年发布的新职业介绍

2024 年 7 月，人力资源社会保障部会同市场监管总局、国家统计局向社会正式发布包括生物工程技术人员等在内的 19 个新职业。

1．生物工程技术人员。从事生物工程技术研究、工艺过程和工程设计、产品技术研究开发、质量检测、相关技术指导及其产业化与科学成果转化的工程技术人员。

2．口腔卫生技师。从事口腔疾病预防、卫生保健、疾病辅助诊疗等口腔卫生服务工作的专业人员。

3．网络安全等级保护测评师。使用相关技术、方法和工具，依据国家网络安全等级保护相关法律法规和技术标准，对网络系统和数据开展安全技术和安全管理测评的人员。

4．云网智能运维员。从事云网相关服务系统运维，运用云计算和智能网络技术及工具，实现云网日常管理、运行维护、性能调优、故障排除、应急处置等工作的人员。

5．生成式人工智能系统应用员。运用生成式人工智能技术及工具，从事生成式人工智能系统设计、调用、训练、优化、维护管理等工作的人员。

6．工业互联网运维员。使用软件、专用设备、检测仪器及工具，对工业互联网系统进行网络互联互通、数据采集处理、标识解析应用、平台应用优化、系统安全维护的人员。

7. 智能网联汽车测试员。使用工具、量具、检测仪器及设备，对智能网联汽车及其相关零部件进行功能验证和测试的人员。

8. 有色金属现货交易员。从事有色金属现货调研、收购、销售、保值、风控、储运、交割等交易活动，提供对应的业务操作、贸易咨询服务的人员。

9. 用户增长运营师。运用数字化工具，从事企业或机构用户增长、管理及运营等工作的人员。

10. 会展搭建师。从事会展活动场地的搭建和布置，以及负责会展活动结束后的拆除和清理工作的人员。

11. 文创产品策划运营师。从事文化创意产品的策划，结合市场需求设计具有文化元素的产品，对文创产品进行营销运营的人员。

12. 储能电站运维管理员。使用工具、量具、检测仪器及设备，进行电化学、压缩空气、飞轮等储能单元或系统的数据采集、状态监测、运行维护及设备资料管理的人员。包含但不限于电化学储能电站运维员、压缩空气储能电站运维员、飞轮储能电站运维员。

13. 电能质量管理员。从事电力系统电能质量测试、监测、评估、治理以及管理电能质量设备，进行调试、维修、改造的人员。

14. 版权经纪人。从事版权交易、版权登记代理、版权贸易、版权价值评价等相关服务的人员。

15. 网络主播。基于互联网，以直播、实时交流互动、上传音视频节目等形式发声、出镜，提供网络表演、视听信息服务的人员。

16. 滑雪巡救员。在滑雪场所，对滑雪者及设施设备进行安全巡查，并对伤者在医疗救治前实施救助的人员。

17. 氢基直接还原炼铁工 。操作反应竖炉、加热器、工艺回路系统、二氧化碳脱除系统、装排料系统、涂覆系统、筒仓系统等设备，生产符合质量标准的氢基直接还原铁的人员。包含但不限于反应竖炉操作工、工艺回路操作工、脱碳工、加热器运行工、涂覆工、装排料工、筒仓工。

18. 智能制造系统运维员 。从事智能制造系统数据采集、状态监测、故障分析与诊断、预防性维护、保养作业和优化生产的人员。

19. 智能网联汽车装调运维员 。使用专用设备、工具、仪器仪表，对智能网联汽车和路侧设备进行装配、调试、检测、联调、状态监测、运维等工作的人员。包括但不限于智能网联汽车装调员、智能网联汽车运维员、智能网联汽车路侧设备装调运维员。

第二节 适合退役军人的相关职业介绍

广大退役军人在从军的经历中，养成了许多特有的优秀品质。政治坚定、有责任心、执行力强、作风硬朗、办事雷厉风行、身体素质好，这些特点使他们在从事某些职业时，比其他人更有优势。同时，国家制定了许多优待政策，促进退役军人就业创业。许多地区拿出一些岗位，定向招录退役军人，广大退役军人要认真学习掌握并充分利用这些政策，并结合自己的实际情况，选择相应的职业。

一、退役军人更具有从业优势的职业

1. 户外拓展。比如，拓展训练、军训、夏令营和冬令营。随着社会的发展，越来越多的单位注重团队建设、个人拼搏作风的养成。许多家长特别注重培养孩子坚强的意志、强健的体魄，会选择让孩子参加户外拓展活动。这些活动与部队的训练有许多相似之处。退役军人具有先天的优势，他们经验丰富，组织能力强，熟悉训练方法，比其他人更能胜任这些工作，甚至可能超过单位的预期。因此，对于退役军人来说，从事户外拓展职业是一个比较好的选择。

2. 消防。国家高度重视消防安全工作，各类单位对消防人才的需求量也越来越大。在历史上，专业消防队伍属于部队序列，当下也是实行较严格的半军事化管理。退役军人有过从军的经历，身体素质好、纪律性强、熟悉部队的管理方式，从事消防工作有着其他群体不可比拟的优势。各地在招录消防人员的时候，对退役军人也会给予更多关注。所以，退役军人从事消防工作也是比较适合的。

3. 辅警或者协警。随着城镇化进程的加快，为缓解基层警力不足与社会治安形势日益复杂的矛盾，各地大量扩招辅警、协警，其对从业人员的要求与退役军人最为契合。退役军人在身体素质、纪律性、胆量气魄等方面具有优势，各地区在招录辅警或者协警时，通常会优先考虑退役军人。退役军人选择这个职业，能够更好地发挥自己的特长，做出成绩。

4. 机关、事业和国企。国家在公务员、事业单位和国企的人员招录工作中，会制定相关优待政策，向退役军人倾斜，一部分岗位会专门面向退役军人招录，或同等条件下优先录用退役军人。退役军人如果符合这些岗位的学历要求和相关条件，可以通过自学、参加培训等方式提高应试能力，然后报考这些岗位。

二、其他具有发展前景的热门职业

1. 教师：我国历来有尊师重教的传统，教师的社会地位比较高，被称为“人类灵魂的工程师”。教师的工资福利待遇比较好，按照国家政策规定，教师的待遇不低于当地公务员的水平，而且每年有寒假、暑假两个假期。对于退役军人来说，国家有关部门专门出台相关政策，鼓励退役军人到学校特别是中小学任教，即“兵教师”，充实教师队伍，改善教师结构，有意愿、有条件的退役军人可以选择这个职业。

2. 互联网相关职业：随着互联网的快速发展，大数据已经深刻融入人们工作、生活的各个方面，使用互联网的人数在不断增加。因此，互联网行业的用人需求一直不断增加，未来仍然有较好的发展前景。其工资待遇也比较高，有条件的退役军人可以通过学习提高能力，选择互联网行业就业。

3. 心理咨询师：随着经济社会的发展、工作生活节奏的加快、工作生活方式的变化，人们的心理压力越来越大，产生的不良情绪越来越多，甚至不少人患上了心理疾病。因此，社会对心理咨询师的需求越来越多，而做思想工作是部队的优良传统和强项，退役军人从事这个职业有较好的基础。同时，当过兵的人常常给人以踏实、可靠、可信的印象，也有利于做好这项工作。

4. 公共营养师：随着经济的发展、生活水平的提高，大家越来越重视自己的身体健康。把好“入口关”、科学饮食成为不少人的关注点。公共营养师的职业需求量不断增加，有些收入高的人群还会配备专门的营养师。退役军人如果有兴趣，可以通过学习和参加培训获得相应的资格证书，从事这项工作。

延伸阅读

青睐退役军人的行业

每年都有大量的现役军人脱下军装，走进社会，服务人民。如何认清自己，扬长避短，发挥优势，找到适合自己的行业，是每一名退役军人必须面对的艰难选择。那么，到底哪些行业是退役军人的优势所在呢？以下是一些适合退役军人的行业，以供参考。

1. 快递行业。随着大量社会物资的快速流通和人们个性化需求的不断增加，快递公司应运而生，大有井喷之势。这一行业的门槛低，技术含量不高，人员需求量大，但从业者需要起早贪黑、风雨兼程，劳动强度大，非常辛苦。退役军人经过部队艰苦生活的磨炼，培养了吃苦耐劳、乐于奉献的精神，可以快速适应该行业要求，迅速干出成绩。

2. 物流行业。目前，物流业是我国第三产业中发展最迅速的行业之一，蕴藏着众多工作机会和创业前景。广大退役军人严谨细致的工作作风、高度负责的敬业精神、严肃认真的工作态度，是该行业最需要的。退役军人可以到这一行业从事物资分拣、押运、投送、信息录入和仓库管理等工作，发挥军人的素质优势，获得令自己满意的职业发展。

3. 餐饮行业。民以食为天。餐饮始终是不可或缺的朝阳行业，大致分为两类岗位：一类是厨师。退役军人中在连队食堂或机关餐厅“掌勺”的人员，大多经过部队等级厨师培训，获取了相关证书，可以按照自己擅长的菜系、面点、配菜等“手艺”积极就业，收入不菲。另一类是餐饮服务保障人员，部队有帮厨传统，而且一些退役军人本身在部队从事餐饮保障工作，凭借在部队养成的文明、热情、细致、周到的服务素养，定能过关斩将，谋得一份心仪的职业。同时，只要用心思考总结，还可以自己创业，成就一番事业。

4. 运输行业。许多人忽视了这个行业需求。随着私家车的普及，以及现代物流业的迅猛发展，运输车驾驶员市场的需求不断增加。部队通过专业培训、摩托化行军、急难运输任务摔打，培养了一批又一批驾驶技术精湛、心理素质过硬的驾驶员。这些军人退役后，在这一行业非常抢手。同时，他们也是企业老板司机、滴滴车驾驶员的优先人选。特别是那些持有叉车、吊车、挖掘机等特种车辆驾驶证的退役军人，更不用担心就业问题。

5. 汽车行业。我国人口众多，汽车保有量和需求量都很大，汽车行业近年来一直比较火。退役军人既可以在汽车租赁、美容、销售、保险和维修保养、酒后代驾等岗位求职，也可以找到不错的工作。这些岗位主要是为车主提供优质配套服务，比单纯的驾驶员要求更高，职业生涯更长、更好。

6. 物业管理。当前，房地产市场虽有所降温，但整体形势依然强劲，各种现代化的小区越来越多，物业公司也随之同步发展，是另一个需要退役军人的“大户”。物业管理人员的工作性质复杂，岗位较多，上升空间也比较大。退役军人凭着良好的服务意识和个人素质，在这个行业大有可为。

7. 企业管理。退役军人经过部队的历练，其优秀的组织管理能力、团队合作精神正是许多企业所需要的。不少企业认识到这一点，大量招聘退役人员从事行政管理、市场监督、质量监管等工作。许多工程施工类单位也愿意招聘兵龄较长、管理能力出色的退役军人从事施工管理工作。一些文化素养较高的退役人员，经过一段时间的学习适应，还走上了企业中高层管理岗位。

8. 安保行业。安保是一个大众化的职业选择，许多行业都有相关需求，如航空空中安全员、船舶安全员、公交车安全员、押运安全员和企业安保人员等。由于退役军人经过严格的身体素质、军事技能、心理素质训练，在从事安保工作上具有得天独厚的优势。安保岗位也分等级，一些五百强企业的核心保安或者社会名流、演艺明星等人物的私人保安等，地位相对较高，工资和待遇也比较好，但通常对从业者的综合素质要求更高。

9. 健身行业。随着生活条件越来越好，人们对健身也越来越重视，更愿意追求积极健康的生活方式。从长远来看，体能健身教练行业具有很大的发展潜力。退役军人在部队练就的良好身体素质、健美的肌肉线条和掌握的健身方法，在这一行业有着一定优势，是普通人所无法相比的。

10. 拓展训练。近年来，国防教育逐步深入人心，许多社会群众对部队生活充满好奇。特别是一些企事业单位，为了加强对员工能力素质的培养和企业管理，推崇半军事化管理。在这种需求的刺激下，各种军事训练营迅即发展。其训练方式、训练内容、使用器材、场地设置等与部队相差不大，这些训练工作对很多退役军人来说是“小菜一碟”。

11. 消防救援。伴随改革强军的深入，消防武警集体退出现役，转入国家应急管理部，其人员的来源方式也发生了根本性变化，采取向社会公开招录的办法补充“新鲜血液”。退役军人是优先录取对象，而且待遇优厚，进入、退出机制完善。

无论在哪个行业，只要用心工作，努力成长，就会走上一个又一个新台阶。退役军人也可以顺应国家“大众创业、万众创新”的大势，利用退役金和国家给予的创业优惠，例如，税收减免、贷款利息减免等，积极自主创业，创造人生新辉煌！

（资料来源：《中国退役军人》杂志）

【职业规划篇】

第三章
退役军人职业生涯规划

第一节　职业生涯规划概述

职业，是指个人服务社会并作为主要生活来源的工作。职业生涯起始于职业学习，开始于职业劳动，最后结束于退休前的职业工作经历。而职业生涯的规划，也称为职业生涯设计，是指个人在对自己的兴趣、爱好、能力、特点进行综合分析的基础上，对职业生涯进行系统的计划，包括职业定位、目标设定和通道设计三个要素。目的在于选择适合自己的职业，并通过一定的途径取得较大的成就。

一、职业生涯规划的意义

（一）有利于选择合适的职业

1. 有助于认识自我。职业生涯规划的首要环节是进行准确的自我定位，简单地说，就是先弄清楚自己想要干什么、能干什么，自己的兴趣、才能、学识、经验适配什么。在制订职业生涯规划的过程中，可以通过自我测评、职业咨询、行业沙龙等方式，评估自己的职业倾向、能力倾向和职业价值观，根据评估结果的各项指标，以及自身的学历、经历、能力，更充分地认识自我，了解自己的优势与不足，明确自己的核心竞争力，增强选择职业的针对性。

2. 有助于了解职业特点。在制订职业生涯规划的过程中，需要对自己期望从事的行业进行深入了解，包括每个工作岗位的长处与不足，所需要的知识、能力、经历等方面的要求，职业发展前景等，以便在选择职业时避免随大流、碰运气，减少盲目性。要做到心中有数，有备而来，作出正确决定。

3. 有助于确定择业方向。社会上的职业有许多种，没有绝对的优劣之分，机遇和挑战并存。通常情况下，社会地位比较高、经济收入比较高的工作，对从业者的综合素质要求也比较高，需要承担的风险比较高，需要付出的努力更多。对于每个求职者来说，不仅要有自己的想法，而且也要有相匹配的条件，找到适合自己的工作是最重要的。通过进行职业生涯规划，可以对自己有比较适当的定位，对相关职业有比较深入的了解，在此基础上进行综合分析，找到自己的匹配点，从而选择正确的职业生涯方向，从事最适合自己能力的工作，进而找到一个最能发挥自己长处的位置，较好地解决“我想干什么”和“我能干什么”的问题。

（二）有利于实现更好的职业发展

1. 有助于提升个人能力。职业生涯规划是对自己一生职业生涯所做的预期和计划。在制订的过程中，既要确定总的发展目标，也要明确各个发展阶段的目标，还要了解在每个阶段需要掌握的知识和具备的能力，以及补充知识和提高能力的途径。在此基础上形成相应的计划和措施，包括补充哪些知识、参加什么培训、考取什么证书、拓展哪些人脉等，使自己在每个阶段都能够有针对性地学习和提高，进而全面提高自己的综合素质，使自己更具有竞争力，为职业生涯的发展奠定坚实的基础。

2. 有助于职业生涯行稳致远。时代在变化，主客观条件在变化，人生的目标也在变化，职业生涯规划需要根据变化的情况进行调整。通过一段时间的学习和工作，取得了一定的成就，积累了一定的经验，具备了一定的分析问题和解决问题的能力，视野更加开阔，考虑问题也会更加实际。在此基础上，就会对职业目标进行调整，形成新的职业生涯规划，重新安排自己的职业生涯。这个过程会为个体提供前进的动力，使其塑造更务实的自我，避免因为好高骛远、德不配位而遭受挫折。新的职业生涯规划更适应社会大环境的需要，更适合自身的德才表现。在新职业生涯规划的指导下，自己不仅能够发展得更好，而且能够走得更稳，更有希望取得预期的成就。

二、职业生涯规划的原则

职业生涯规划的原则是指在制订职业生涯规划的过程中应遵循的准则、标准。个人要考虑的主要内容是：打算选择何种类型的行业，选择技术还是非技术的职业岗位，希望达到什么样的职业成就，未来想过什么样的生活，如何通过自身努力实现自己的目标。

（一）职业生涯规划的主要原则

在制订个人职业生涯规划时，要遵循以下 4 个主要原则。

1. 个人喜好。兴趣是最好的老师，兴趣与成功有着明显的正相关性。古今中外，许多人物取得科学技术领域或者文学艺术领域的成就，都和他们喜欢自己所从事的工作有很大关系。一个人从事自己喜欢的工作，工作本身就能让其获得一种满足感，使职业生涯不那么枯燥，甚至很有乐趣。因此，在制订职业生涯规划时，要考虑自己的兴趣特点，择己所爱，选择自己喜欢的职业，尽量不要从事自己内心非常排斥的职业。

2. 自身擅长。要在职业生涯中有所作为，不仅要有兴趣和热情，更重要的是要有胜任工作的能力，包括技能。所以，在制订职业生涯规划、选择职业时要考虑自己的长处，也就是择己所长，使自己的优势能够同自己选择的职业相契合，尽量不要选择自己存在明显短板的职业。

3. 适应社会。随着社会的发展，各类职业需求也在不断变化，有的职业因需求的消失而消失。同时，新的需求不断产生，相应的新职业也不断产生。所以，在设计自己的职业生涯时，一定要适应社会的需求，即择世所需，且要有长远目光，能够较好地判断未来行业或者职业的发展方向，所选择的职业不仅在当下社会有需求，而且在未来仍然有需求，也就是所谓的“朝阳产业”。

4. 综合考虑。对于个人来说，职业生涯的重要目的就是追求个人幸福，包括获取合理的报酬，满足自己和家庭的物质生活需求、精神需求。所以，在制订职业生涯规划、选择职业时，要重点考虑自己的预期收益，包括物质方面和精神方面的收益。要综合考虑经济收入、社会地位、成就感和工作付出等多种因素，确定自己要从事的职业。

（二）职业生涯规划的其他原则

除了 4 个主要原则，在职业生涯规划中还要遵循其他具体原则。

1. 清晰性原则：提出的目标要清晰明确，明确短期的需求是什么，实现此目标的措施和步骤要有逻辑和条理。

2. 变动性原则：提出的目标或措施要有弹性或缓冲性，能够依据环境的变化而调整，不让自己陷入被动的局面。

3. 一致性原则：主要目标与次要目标要一致，目标与措施的执行要一致，个人目标与组织发展目标要一致。以上要素对齐度越高越好。

4. 激励性原则：目标要尽量符合自己的特质，如性格、兴趣和特长等，能够对自己产生强大的内驱力，激活正向的反馈效果。

5. 合作性原则：个人的目标与他人的目标要具有合作性与协同性，避免较大的冲突性，争取多方共赢的局面。

三、职业生涯规划的方法

职业生涯规划的方法是指在制订职业生涯规划时所选择的途径、办法。每个人都会思考：自己如何找到满意的工作，获得某个职位后如何开展工作，自己未来的发展前景如何，这样就有了职业生涯规划的意识。在实践中，可以采取许多职业咨询机构和心理学专家常常使用的一种方法——进行提问。从问“我是谁”开始，依次询问自己若干问题，逐渐明确自己的职业生涯，形成制订职业生涯规划的思路。

（一）第一个问题，“我是什么样的人”

这是对内进行深度自我剖析的过程，分析的内容包括但不限于个人的兴趣爱好、性格特点、身体状况、教育背景、专业特长、工作经历和思维能力等。分析要做到客观全面，对自己的优点和缺点，都应该逐一列出来。这样才能对自己有比较清醒的认识，从而全面地了解自己的优劣势。

（二）第二个问题，“我想干什么”

这是站在高维度对自身职业发展目标的展望和规划过程，包括但不限于职业目标、收入目标、学习目标、社会声望和成就感等。每个人在不同阶段的兴趣和目标并不完全一致，有时甚至是对立冲突的。因为随着年龄的增长和经历的增加，自己的兴趣和目标会逐渐固定，并最终形成终身目标。其中，特别要注意的是必须终身学习，要阶段性地定好学习目标，只有不断确立学习目标，才能不断迭代自身能力，超越自我，适应时代，不被激烈的竞争和快速发展的社会所淘汰，从而实现自己的目标。

（三）第三个问题，“我能做什么”

这是对自己能力和潜力的全面认知。一个人职业的定位取决于他的能力，而职业发展空间的大小主要取决于个人潜力。对自己的潜力应该从多个方面去了解、评估，比如对工作的兴趣、遇到困难的态度、遇到突发事件的判断力和处置能力，以及知识结构是否全面、是否能够及时学习新知识等。要清楚自己有什么专长，在同一层次的竞争者中居于何种水平。专业能力强和高潜力人才能够承担组织中更重要的工作，其职业发展空间也会更大。

（四）第四个问题，“我的支撑点有哪些”

这些支撑点包括两个维度：客观方面包括大环境因素，比如经济发展、人事政策、管理制度等；主观方面包括各种资源及个人、家庭、学校、社会等种种关系，比如同学关系、同事关系、亲戚关系等。对这两方面的因素应该综合起来考虑，把一切有利于自己发展的因素调动起来，确定自己的职业切入点。包括通过熟人介绍找到工作，只要建立在自己能力的基础上，都是正常的，也是比较容易的。

（五）第五个问题，“什么职业是最适合我的”

社会上有多种行业，每个行业有多个职位，每个职位的福利待遇、社会名望、工作压力、风险程度都不一样，要根据实际情况选择适合自己的职位，而不能人云亦云——选择别人认为最好的并不一定是合适的，选择适合自己的才是最好的。

明晰了以上 5 个问题，就能做最后的职业选择了，即从上述每个问题中找到对实现个人职业目标有利和不利的条件，列出不利条件最少、自己想实现而且又能够实现的职业目标，就能形成一个比较清晰的框架，而后便可以制订出简单清晰的职业生涯规划。包括但不限于选择一个什么样的单位，预测自己在单位内的发展，如何从低到高逐级而上等。例如，从基层工作做起，在此基础上努力熟悉业务、提高能力，最终达到成为中层管理人员甚至高层管理人员的理想目标。要预测工作范围的变化情况，预测可能出现的竞争。如果发展过程中出现偏差，不适应工作要求或被解聘，要及时改变职业方向。

机会偏爱有准备的人，做好自己的职业生涯规划，为未来的职业做一定的准备，机会就会更多。

第二节 退役军人职业生涯规划

凡事预则立，不预则废。军人退役之后，面临人生的重大转折，若能客观分析就业形势和就业环境，正确认识自己的长处和不足，对自己的职业生涯进行合理规划，选择适合自己的职业，就有利于取得事业上的成功，更好地实现人生价值。

一、退役军人职业生涯规划的必要性

（一）有利于提升就业信心

退役之初，退役军人对自己未来的发展往往感到迷茫。因此，制订职业生涯规划对于退役军人来说更为重要。在制订职业生涯规划时，要先了解国家关于退役军人的有关法律，了解国家和地方支持、帮助退役军人就业创业的政策，并充分利用优待政策，增强在地方建功立业的信心。

（二）有利于更清楚地认识自己

退役军人在部队受到严格的教育和训练，在政治上、纪律上、作风上有许多优秀品质，自身有许多特长。同时，因为部队和地方的工作存在较大差别，所以退役军人需要学习的知识技能也比较多。通过制订职业生涯规划，退役军人能够更清楚地认识自己的长处和不足，从而采取针对性措施，全面提高自己的能力，以适应未来工作的要求。

（三）有利于更快融入地方

退役军人长期在军队工作，对地方的情况了解有限，对各级党委和政府关

于退役军人工作的政策也了解不多。在制订职业生涯规划的过程中，退役军人通过学习、参加培训、请教专业人士、向战友或者家人咨询等途径，能够较好地了解国家关于支持和帮助退役军人就业创业、培训、上学等政策，了解地方有关行业和职业，了解地方工作的基本要求和习惯，从而能够更好地适应地方要求，在今后的工作和生活中扬长避短，做出成绩。

二、退役军人职业生涯规划的特点

（一）更具针对性

退役军人不同于大学毕业生，后者一般只有学习经历，没有工作经历，或者有比较短的工作经历，许多观念、习惯还没有固化，可塑性比较强。而退役军人有了从军经历，在政治上、作风上、纪律上有自己的特点，许多品质可能会一直伴其左右，这些特点和品质对于地方来说，有利有弊。因此，退役军人在制订职业生涯规划时，要体现自己的特点、优点，要充分考虑从军经历对自己的影响，特别是考虑如何使自己的独特优势在未来的职业生涯中充分发挥作用。

★图 3-1　2023 年 2 月，河南省焦作市举办退役军人职业技能培训班，高质量推动“人人持证、技能河南”建设工作

（二）更具可操作性

军人退出现役，是职业生涯的重大转折。与大学生等群体相比，退役军人面对的是比较陌生的环境，在年龄上、技能上可能存在一定的劣势，试错的成本比较高，就业的需要也更迫切。因此，退役军人在制订职业生涯规划时要更加务实，总目标、阶段性目标，以及为实现目标而打算采取的措施都要具有可操作性。可以先考虑把每个阶段性目标定得略为低一些，比如先就业、再择业或创业，这样比较容易取得成功，从而增强信心。随着实力的提升，可以再调

整目标。

（三）更具开放性

军人退役后，因为对地方情况了解不够，即使在制订职业生涯规划的过程中已经考虑了自身情况和地方情况，但所提出的阶段性目标仍然可能会与地方实际存在一定的差距，随着自己经验的积累和认识水平的提高，需要进行相应的调整。因此，退役军人的职业生涯规划更需要开放性，所提出的目标和打算采取的措施要留有余地，便于按照新情况进行调整改进，使职业生涯规划更符合自己的实际，更有助于自己的平稳发展。

三、退役军人职业生涯规划的类型和内容

根据退役军人职业生涯规划的特性及一般职业生涯规划的时间维度，退役军人的职业生涯规划可以分为以下两大类型。

（一）远期规划

远期规划是指规划时间跨度在 5 年以上的职业生涯规划，通常是职业生涯规划中的长期规划。通过制订远期规划，明确职业生涯各个阶段的目标，确保发展具备连贯性和持续性，从而为实现目标提供持续动力。为了实现每个阶段的目标，个人需要保持不懈的努力，最终逐步达到整体目标。然而，远期规划对个人的自我认知和职业理解有较高的要求，同时还需要具备敏锐的社会洞察力和前瞻性的预测能力。因此，需要花费较长时间进行充分的调查、研究和论证，这样才能制订切实可行的实施计划。如果缺乏扎实的前期准备工作，虽然规划可能看起来是完整的，但由于没有根据自身条件和客观环境进行调整，其最终难以发挥应有的作用。并且，由于时间跨度较长，远期规划在实施过程中容易受到个人和外部环境的影响，使得目标的实现难度增大。

（二）近期规划

近期规划指的是 5 年以内的职业生涯规划，类似于一般职业生涯规划中的短期规划和中期规划。对于退役军人来说，职业生涯初期的探索阶段主要是通过选择、尝试与适应来找到最符合自身特质的职业。

因此，退役军人的近期规划应该以实现高质量就业为目标，结合自身特点

和任务要求，制订切实可行的就业或创业计划。近期规划具有更强的针对性和可操作性，退役军人可以根据个人条件和社会需求确定发展方向与目标，制订相应的学习、培训和实践计划。由于规划时间较短，退役军人能够及时评估、修正和调整规划，使其更具灵活性和可行性。

（三）规划内容

职业生涯规划的制订过程是对个人职业发展路径进行选择和设计的过程，规划的内容应该形成书面方案，以便于后续操作和调整。科学合理的职业生涯规划应包括以下内容。

1. 标题，包括姓名、规划时限、年龄跨度等。
2. 目标设定，确定职业方向和阶段性目标。
3. 个人分析，评估当前状况和未来展望。
4. 社会环境分析，分析外部环境对职业的影响。
5. 组织分析，对目标行业和用人单位的背景进行分析。
6. 目标拆解与组合，分解长远目标为可操作的小目标。
7. 实施方案，制定缩小目标与现状差距的具体措施。
8. 评估标准，设定规划成效评估标准，并进行适时调整。

（四）注意事项

以上内容的顺序与实际规划的步骤不尽一致，但这并不矛盾。实际规划时，应首先进行自我评估和外部环境分析，文中职业目标的提前呈现，是为了便于阅读及修订后续实施方案。

四、影响退役军人职业生涯规划的因素

在制订职业生涯规划时，退役军人会受到主观条件、家庭和社会等多重因素的影响，不同环境下的职业选择也存在显著差异。分析影响因素有助于退役军人合理调整职业期望，实现职业与个人特质的匹配。

（一）自身因素的影响

第一是知识能力方面：职业生涯往往需要多种知识和技能的结合，退役军人需要充分评估自己现有的知识和能力，将知识成功转化为工作技能，这对职

业发展非常有利。

第二是性格气质方面：性格和气质的匹配程度决定了职业的满意度和稳定性。退役军人可以通过自我测试和社会实践来更好地认识自己的优势特长，从而选择更合适的职业。

第三是职业理想方面：职业理想为个人选择职业提供方向和动力。通过科学的职业生涯教育，退役军人可以将职业理想转化为明确的职业目标。

（二）家庭因素的影响

家庭成员的教育背景、经济状况和价值观常常对退役军人的职业选择产生影响，有时家庭成员甚至会代其决定职业选择。这些因素在退役军人职业生涯规划中的作用不可忽视。

（三）社会因素的影响

社会环境中的支持与阻碍因素对退役军人的职业生涯规划有着直接影响。经济结构的调整、产业的转型升级等都会影响职业生涯选择，退役军人通常会选择发展前景较好的行业，比如高科技产业和金融行业。

退役军人在职业生涯规划过程中，需要全面考虑自己的职业兴趣、目标及外在因素，做到科学选择职业。同时，退役军人还应该关注当前社会经济发展趋势和产业变革方向，选择能够满足个人发展需求、适应未来就业形势的职业。对于退役军人来说，在市场经济条件下，需要不断更新知识和技能，增强自身实力和竞争力，进而获得更高的职业回报。

关于就业地域，退役军人可以根据自己的实际情况和职业发展需求，合理选择适宜自己的城市和区域。东部沿海地区的发展机会多、收入水平相对更高，但也有生活成本高和竞争压力大等现实方面的因素。中西部地区收入水平低、经济不发达，但是有

★图 3-2　2023 年 2 月，山西省退役军人事务厅组织就业创业招聘会时，为驻地部队捐赠自主就业退役士兵适应性培训课程卡（图片来源：山西省退役军人事务厅）

着广阔的发展前景和良好的政策扶持，在新兴产业、创业创新等方面也有着广阔的发展空间。

总之，退役军人在制订职业生涯规划的过程中需要综合考虑职业兴趣、市场需求、个人实力及生活成本等多方面因素，作出符合自身发展的科学、合理的职业选择。

延伸阅读

从戍边疆到送快递，每一次任务都全力以赴

2020 年，牛立明从驻守祖国边疆的战线退伍。重新选择个人生活的航道，牛立明经历了一段适应期。2021 年 7 月，牛立明看到退役军人事务局的微信群里发布了一则参加冬奥会物流保障工作的通知，他眼前一亮，找到了新的职业发展机会。

经过一系列面试，牛立明入职京东。来到北京延庆赛区，牛立明正式开启了自己精彩的职业生涯。奥运物流被称为“体量最大的物流运作”，而北京冬奥会是首次使用中国物流服务商的奥运赛事，对提供物流服务的企业来说，这是荣誉，更是挑战。军营生活磨炼的品格成为牛立明宝贵的财富，他坚强的意志、吃苦耐劳的作风，以及身上特有的强烈使命感、责任感，都成为他在物流行业发展中的突出优势。从前期准备各类设施、设备，到冬奥会顺利落幕，牛立明身着防护服的身影从未离开，他保障着整个冬奥会的物资运转，和团队一起圆满完成了物流任务。

冬奥会物流保障工作结束后，2022 年 4 月，牛立明又马不停蹄地奔赴上海，支援抗疫保供工作。在上海的 70 天里，牛立明几乎每天工作 12 个小时，和几百名“京东小哥”在园区里穿着防护服、戴着手套，为这座城市的正常运转贡献力量。这期间，一位客户购买的食材快递丢失了，牛立明比客户还要着急，他找到一家饭店，购买了一些食材，并且还多带了一些蔬菜，给客

户送去。这个小小的举动得到了客户的信任。小区解封后，这位客户想要发快递，点名要牛立明来负责。牛立明没想到，自己多走一步，最终带来了一笔价值500万元的订单。

在京东工作16个月后，牛立明破格荣升为站长。他感到身上的担子更重了一些。他的工作笔记本里记录了100多位用户的需求，用户需要的地方，就是他服务的“战场”。牛立明有了自己的团队后，更想要带好手下的“兵”。2023年“6·18购物活动”期间，牛立明带领的快递站点成绩名列前茅，获得了总部的奖章和运营奖金。

从边防战士到快递小哥，牛立明在人生的新赛道找到了自己新的事业。牛立明有自己的体会：“送快递，往小了说，是把东西送到家；往大了说，就是保障整个民生。这和当兵是一样的，往大了说，是保家卫国；往小了说，就是站好每一班岗。”

据统计，京东有超过一万名像牛立明一样优秀的退役军人，他们退伍不褪色，在新的岗位上续写着初心。京东为他们拓宽就业渠道、规划职业发展、打造专业学习体系、组织技能培训，帮助他们提升业务能力，推动其实现高质量就业。

（资料来源：京东集团）

第三节　退役军人职业生涯规划注意事项

退役军人在制订职业生涯规划时需注意充分评估个人技能和兴趣，了解市场需求和趋势；积极接受相关培训和教育，扩大人脉和社会资源；灵活调整规划，注重自我提升和成长，保持适应能力和职业竞争力。同时，需要注意以下事项。

一、培养良好的就业心态

良好的就业心态对退役军人高质量就业有着积极作用。退役军人寻找工作时，应以积极的态度面对全新“战场”。每个退役军人对自身能力都应具备客观、正确的认识，在职场上避免盲目选择，应及时抓住机遇，提高成功概率。要想具备良好的就业心态，需要着重克服以下 3 种心理。

（一）消极心态

消极心态指自卑、失去希望和自信等情绪，这些都会影响退役军人的自我评价和自我意识。可以借助一些专业的咨询和培训机构，以及向身边的朋友和家人寻求鼓励和支持，从而摆脱消极心态，树立积极、自信的心态。

（二）以偏概全

通常指在就业选择和职业生涯规划中片面地根据局部现象推论整体，没有深入思考和全面了解市场情况，导致作出错误的选择。退役军人需要在就业前进行综合评估，包括自身能力与市场需求的匹配程度、企业文化和岗位要求，以及职业前景等，从而制订一份科学、合理的就业计划。

（三）期望值过高

过高的期望值可能会给退役军人带来失望和挫折感，使其在就业过程中过于苛求或追求完美的工作机会，最终导致错过了许多机会。因此，退役军人需要合理地对待就业的机会和选择，同时也需要了解就业市场的形势和需求变化，不断提高自身能力，从而逐步实现职业发展目标。

二、规避择业误区

在择业中由于认知不当，会产生一些误区，退役军人要注意规避这些误区。

（一）缺乏准备，“四面出击”

一些退役军人为了证明自己的能力，在没有充分准备的情况下，就急着找工作，哪里有招聘信息，便以最快的速度前往求职。有些退役军人甚至一天连续参加几个招聘会，不仅身心疲惫，而且由于准备不充分，对求职单位缺乏必要的了解，经常出现“四面出击，四处碰壁，屡战屡败”的不利局面。

择业对一个人来说，是人生大事，“一个好的开端，是事业成功的一半”。退役军人的第一份工作，在职业生涯中起到“领进门”的作用，必须小心翼翼地布局，一步一步地谋划。事前充分的准备比临时抱佛脚更重要。只有准备充分，择业时才能显得“游刃有余”。先行起步并不意味着会第一个到达终点，竞争比的是审时度势的能力和持久力，而这些能力来自平时充分的准备。

（二）急功近利，急于求成

事业非一朝一夕之功，它需要持续努力甚至一辈子的付出。择业是一个复杂且长期的过程，需要认真对待，应该在择业前做好充分的准备，切不可内心浮躁，要静下心来，慢慢思考，不断沉淀自己的内心。同时，不要将眼光仅仅放在薪水上，要全面考虑个人能力提升、行业前景、工作平台等因素。多维度考虑才能作出正确率较高的选择，或许有时候还会有“无心插柳柳成荫”的惊喜和快乐。要保持“不怕苦”“敢吃苦”“能奋斗”的精神，成就自己的事业，赢得璀璨光明的未来。

★图 3-3　2024 年 8 月，新疆维吾尔自治区举办退役军人就业创业工作能力提升培训班（图片来源：新疆维吾尔自治区退役军人事务厅）

三、提高职场适应力

退役军人初入职场应尽快完成从军人到地方员工的身份转变，适应职场生活。适应能力非常重要，需要尽快提高。有以下 3 种方法供参考。

（一）保持谦虚好学的心态

退役军人初入职场，与同事合作沟通，为人处世要谦虚，不宜张扬。“职场如战场”，作为职场的“新兵”，退役军人要多向领导学习，多向同事学习，不可急功近利，做到谦虚、忍耐、好学，让自己快速融入职场生活并提高个人能力，以获得更好发展。

（二）积极主动解决问题，高质量完成任务

在职场中遇到问题时不要有畏难情绪，要竭尽全力、积极主动地解决问题；如果确实无法解决，再向上级请示。对于上级的工作安排，要高质量、高

效率地完成，努力做到“超越期待”，即所完成工作的质量超过上级领导的期望值，展示退役军人的优良作风。

（三）踏实工作，勇于尝试

重复单调的工作同样是通往职业目标的基石，将每一件小事做到极致也是一种成功。在踏实工作的基础上，还要勇于跳出舒适圈，不故步自封、墨守成规、抱残守缺、畏惧挑战，要勇于尝试，获得成长和提高，获得自身发展。

此外，退役军人制订职业生涯规划时，还要面对以下几个方面的挑战。

1. 学历和职业技能不足。在服役期间，军人可能没有获得与市场需求相匹配的职业技能或没有达到岗位能力要求，在求职过程中处于不利地位。

2. 适应能力和心理问题。军人退役后需要一定时间来适应地方生活和新的工作环境。同时，一些退役军人内心可能比较敏感，这会给就业和职业发展带来一定的困难。

3. 就业歧视。一些单位担心退役军人无法胜任工作，在招聘退役军人时不够积极。

为了解决这些问题，有关部门和社会组织采取了多种措施，比如加强职业培训和教育，提高退役军人的职业技能和学历水平；针对退役军人心理问题开设心理疏导和咨询服务；加强就业歧视的执法和监管等，这些举措对于退役军人就业具有重要的积极作用。

第四章

退役军人职业技能培训

退役军人是党和国家的宝贵财富，是推进中国式现代化的重要力量。党中央、国务院、中央军委高度重视退役军人工作，把做好退役军人职业技能培训工作作为提高退役军人就业竞争力，促进退役军人充分就业，深化退役军人安置改革的一项重要战略举措。在党中央坚强领导下，退役军人事务部相继推出一系列务实举措，使退役军人职业技能培训取得了令人瞩目的成效，成为社会认同感很高的民生工程和民心工程。

军人为国防事业奉献了青春和热血，退出现役之后，政府和社会有责任、有义务帮助他们完成从合格军人到优秀公民的成功转身，真正让“最可爱的人”成为“最有用的人”。其中，对退役军人开展职业技能培训，有利于帮助他们完成社会角色的转变，适应社会主义市场经济要求，提高就业能力，实现高质量就业。

第一节　退役军人职业技能培训概况

2018 年，国家组建退役军人事务部，各地区相继组建退役军人事务厅（局），进一步明确了责任，落实了政策，完善了职业技能培训体系，使培训工作的可操作性更强，对退役军人角色的转变和职业能力提升起到了极大的推动作用。

一、做好退役军人职业技能培训的重要性

退役军人的职业技能培训与国家整体发展战略密切相关，做好这项工作具有重要意义。

（一）促进社会稳定与和谐

退役军人是国家的重要人力资源，通过提供职业技能培训，国家能够帮助退役军人顺利地从军事职业过渡到地方职业，减少社会不稳定因素，促进社会和谐。

（二）提升人力资源质量

退役军人在军队中培养了许多优秀品质，通过职业技能培训，可以将这些品质转化为地方职场所需的专业技能，提升整体的人力资源质量。

（三）支持国家经济发展

随着国家经济的转型升级，对高技能人才的需求日益增加。退役军人职业技能培训有助于培养创新型、应用型、技能型人才，满足国家经济发展的新需求。

（四）实现人才资源的优化配置

国家通过退役军人职业技能培训政策，引导和鼓励退役军人参与国家重大战略，如乡村振兴、“双创”升级版等，实现人才资源的优化配置。

（五）增强退役军人的就业竞争力

通过职业技能培训，退役军人能够获得新的技能和知识，提高就业竞争力，更快地融入社会和职场。

（六）推动终身学习理念

国家将退役军人培训纳入终身职业技能培训体系，鼓励退役军人持续学习，不断提升自己的专业技能和知识水平，实现个人价值。

综上所述，做好退役军人职业技能培训不仅有助于退役军人个人的发展，也是实现国家战略目标、推动经济社会发展的重要举措。通过相关政策，能够更好地发挥退役军人这一宝贵资源的作用，为国家的长远发展提供坚实的人才支持。

★图 4-1 2024 年 8 月 27 日，退役军人培训中心赴中部战区举办“送政策、送技能、送岗位”活动（图片来源：退役军人培训中心）

二、国家关于退役军人职业技能培训的相关政策

退役军人事务部成立以来，先后出台《关于促进新时代退役军人就业创业工作的意见》《关于进一步扶持自主就业退役士兵创业就业有关税收政策的通知》《关于促进退役军人到开发区就业创业的意见》《关于促进退役军人投身乡村振兴的指导意见》《关于全面做好退役士兵教育培训工作的指导意见》《关于引导和鼓励民营企业招用自主就业退役军人的意见》等一系列政策，进一步完善了包括职业技能培训在内的各项教育培训措施。为了帮助广大退役军人更加清晰地了解各类教育培训政策的内容，2022 年 1 月，退役军人事务部归集整理教育培训政策，印发《退役士兵教育培训政策摘要二十三条》，其中包括学历教育政策 16 条、技能培训政策 4 条、适应性培训政策 3 条，梳理了各类培训政策的适用人群、条件及范围，是惠及退役士兵切身利益的重要条款。下一步，退役军人系统还将继续发挥职业教育服务军民融合的作用，支持退役士兵进入职业院校与普通本科高校接受教育和培养，推动退役、培养、就业有机衔接，推动退役士兵高质量就业。

根据政策规定，自主就业退役士兵可在达到法定退休年龄前接受一次免费职业技能培训，包括免学杂费、免住宿费、免技能鉴定费，并享受培训期间的生活补助。[①] 按照规定，由各地退役军人事务部门、教育部门选择实施 1+X 证书制度且对接职业教育国家学分银行的职业院校及应用型本科高校作为培训基地开展培训，培训成果记入职业教育国家学分银行。自主就业退役士兵在培训基地学校以外的培训机构参加培训，可在退役军人事务部门、人力资源社会保障部门统筹下，按照规定程序和标准享受资助待遇。[②]

三、地方关于退役军人职业技能培训的政策

（一）地方补贴政策

各地退役军人事务部门根据本地社会经济发展需要和就业市场需求，也会相应出台促进地方职业技能培训的项目和课程。计划参加职业技能培训的退役军人，可查询当地退役军人事务系统官网或咨询退役军人服务中心（站），查阅当地发布的培训机构目录。下面以上海市 2024 年退役士兵职业技能培训为例[③]，介绍一些补贴政策。

★图 4-2　2023 年上海市退役军人职业技能培训进消防——奉贤综合示范班启动仪式在奉贤区消防救援支队举行（图片来源：上海市奉贤区退役军人事务局）

上海市退役士兵在达到法定退休年龄（含提前退休、退职）前，均可参加一次免费职业技能培训。培训经费由各级财政共同承担，主要用于按规定向承训机构拨付学杂费、住宿费、技能鉴定费和退役士兵参加培训期间的生活补助。

上海市退役士兵职业技能培训班的培训经费包含学杂费、住宿费、技能鉴定费和培训期间的生活补助。高于培训经费标准的部分，

① 参见《关于促进新时代退役军人就业创业工作的意见》《关于全面做好退役士兵教育培训工作的指导意见》。

② 参见《关于全面做好退役士兵教育培训工作的指导意见》。

③ 参见《关于上海市退役士兵职业技能培训经费使用管理的指导意见》。

由退役士兵本人承担；低于最高培训经费标准的，按实际发生的费用结算。

（二）异地职业技能培训政策

为方便退役军人参加职业技能培训，长三角自主就业退役士兵跨省异地职业技能培训取得了良好的社会效益，在满足就业多样化需求的同时，也促进了区域人力资源的高效流动，未来在各地区域协调发展中还将扩大跨省异地职业技能培训覆盖广度和深度，完善相关配套政策和保障机制。下面以长三角自主就业退役士兵跨省异地职业技能培训为例介绍相关情况。

1. 培训机构

开展跨省异地职业技能培训的机构原则上为三省一市省级退役军人事务部门发布黄页内的职业技能培训承训机构。黄页外具备合法资质的职业技能培训机构按照《退役军人就业创业培训工作管理指南》（退役军人办发〔2020〕34号）要求，履行相关申报程序后，纳入黄页管理，定期公布。

2. 培训项目

（1）聚焦创新驱动发展、乡村振兴等国家发展战略，坚持市场导向，体现长三角产业发展特色，推动自主就业退役士兵人力资源有效服务经济社会发展。

（2）具备完善的培训计划和培训大纲，能根据自主就业退役士兵特点需求，帮助自主就业退役士兵改善知识结构、提升竞争能力，切实增强自主就业退役士兵适应社会能力和就业创业能力。

（3）能集中开设培训班，组织课题实践，灵活培训形式，合理课时设置，严格考勤管理，培训质量较好。

（4）能够取得相关职业资格证书或者职业技能等级证书、专项职业能力证书。

（5）倡导带岗位开展培训，有稳定的就业通道和良好的就业推荐机制，有明确的创业扶持渠道。

3. 培训程序

跨省异地职业技能培训分为自主就业退役士兵自主参训和退役军人事务部门组织参训两种方式。

（1）自主就业退役士兵自主参训。自主就业退役士兵选择跨省异地职业技能培训的，须持本人身份证、退出现役证，到安置地退役军人事务部门提出申请，填写《退役军人异地职业技能培训申请表》，按三省一市相关规定审核确认后参训。

（2）退役军人事务部门组织参训。退役军人事务部门根据技能提升和就业工作需要，确定培训机构和培训项目，定向开设技能培训班次。培训学员由退役军人事务部门统一组织，以示范班等形式组织开展。统一组织的培训班次，组织培训的退役军人事务部门应与培训机构签订《培训委托协议》，明确培训项目基本情况、双方的权利和义务等。

4. 费用结算

跨省异地职业技能培训补助资金是指由各级财政资金安排用于自主就业退役士兵技能培训的补助资金，使用范围包括培训费、技能鉴定费、生活补助费（食宿）。培训期间生活补助依据安置地有关规定执行，所需交通费、保险费等额外费用由自主就业退役士兵本人自理。三省一市如有相关规定的，从其规定。

参加长三角跨省异地职业技能培训的自主就业退役士兵，培训费用由个人先行垫付，培训结束后凭本人身份证、退出现役证、培训结业（合格）证、职业资格证（技能等级证等）和缴费发票向安置地退役军人事务部门申领补助，经审核后在安置地退役军人事务部门与同级财政部门确定的标准内据实报销，超出标准部分由自主就业退役士兵本人承担。

延伸阅读

“输血＋造血＋热血”模式——为“老兵”铺就就业创业之路

近年来，四川省广安市武胜县退役军人事务局通过“输血＋造血＋热血”模式，打出“组合拳”，帮退役军人鼓足干事创业的精气神，让“老兵”尽快融入新环境，为他们铺就一条充满光明的就业创业之路。

“输血”：技能培训让“老兵”拥有一技之长

武胜县的退役军人王婵在退役之初，一度陷入“就业创业何处去”的焦虑和迷茫中。正当他一筹莫展之际，武胜县退役军人事务局主动联系到他，不仅告之哪里有招聘会，还向他推荐专为退役军人“定制”服务的职业技能培训机构。抱着试一试的心态，王婵选择了职业技能培训机构开设的厨师培训课程。

对退役军人实施免费技能培训，让王婵倍感欣慰，也让他从中寻到一条创业之路。专业的厨师培训学习，增强了王婵的从业信心，在顺利结业后，雷厉风行的他便注册成立了瑞雪餐饮有限公司。

创业之初，王婵的餐饮公司经营并不顺利，但他并不气馁，而是迎难而上。在慢慢积累了一定的经验后，其公司也有了稳定的客源。如今，王婵经营的餐饮公司已走上了正轨。

在武胜，像王婵这样通过专业技能培训实现就业创业的“老兵”不在少数。2019 年以来，武胜县累计组织 380 名退役军人参加畜牧养殖、厨师、电工等实用技能和新兴职业技能培训，并深入挖掘全县优质企业的岗位资源，开展“订单式”“定向式”“定岗式”培训，在帮助退役军人掌握一技之长的同时，实现“靶向”就业，推动全县退役军人就业创业工作实现了从“授人以鱼”向“授人以渔”转变。

“造血”：创新创业让“老兵”实现抱团发展

在武胜县，有不少退役军人在创业成功后积极回报社会，以实际行动诠释退役军人的责任与担当。

肖森便是其中一位。他从部队退役后，与他人联合创办的“雷鹰青少年素质教育基地”已成为武胜县国防教育培训和退役军人创业示范基地的特色品牌，其基地员工大部分为退役军人。

在创业过程中，肖森和战友不断摸索，创新研发了青少年国防教育军体课程和青少年国防教育课程，将军事体育、红色文化教育等知识融入孩子们的成长过程中。在公司走上正轨后，肖森先后吸纳 22 名退役军人加入自己的团队，为他们提供就业机会，并共同将在部队学到的技能、使命、情怀，传递给前来基地学习的孩子们。

“近年来，我们常态化开展为军创企业送政策上门活动，不断发展退役军人创业就业基地，引导退役军人‘抱团发展’。”武胜县退役军人事务局相关负责人介绍，如今越来越多的军创企业已经成长起来，为武胜经济社会发展建设贡献力量。

“热血”：别样战场让“老兵”持续发光发亮

近年来，武胜县建立“兵支书”选拔和使用长效机制，将优秀退役军人纳入村（社区）干部后备力量，数以百计的退役军人勇挑重担，成为乡村振兴战场上的生力军。

1999年，在部队服役3年的彭军退役归乡。2013年，新学乡党委推荐彭军到新坝村任文书一职，对此，他不假思索地答应了。“为村民干点实事，为村民服务，是我义不容辞的责任。”

2021年12月，彭军担任万隆镇石栏村党总支书记。起初，在这个由两个村合并而成的村推动工作困难，但彭军选择迎难而上。他一家家地挨着上门入户，将村民不理解的问题“掰开了、揉碎了”，并将其一一解决，村民渐渐地开始支持彭军的工作，纷纷对这位“兵支书”竖起大拇指。彭军在石栏村任职以来，村里先后修建了3.5千米的入户水泥路，全村自然村道路硬化率达100%；同时，引进晚熟柑橘种植，建设种植基地800余亩，让集体经济多点开花。

“在部队，保家卫国；到地方，为民造福。”这是全县64名“兵支书”和94名“兵委员”在基层乡村坚守为民初心、不改军人本色的真实写照，他们躬身前行，为乡村振兴贡献着退役军人的光与热。

（资料来源：武胜县人民政府官网）

第二节 热门职业技能培训

虽然退役军人在军队中培养的技能和经验独特，但在实践中往往需要转换，以适应职业市场的需求。因此，退役军人在选择职业技能培训时，应识别自己的核心能力和特长，并与市场需求相对接。例如，如果退役军人在军队中积累了领导力和团队管理经验，就可以考虑参加管理或人力资源培训，以增强这些技能在职业中的适用性。同时，退役军人应关注时代发展和市场经济趋势，选择那些与新兴行业和增长领域相关的培训课程。例如，随着数字化转型的加速，学习数据分析、云计算和人工智能等技能可能有益。

下面介绍一些当下比较热门，并受到退役军人较多关注的职业技能培训。

一、无人机飞行执照培训

在我国，退役军人可以考取的无人机飞行执照有 CAAC（民用无人机驾驶执照）、AOPA（民用无人驾驶航空器系统合格证）、ALPA（民用无人机操控员应用合格证）、ASFC（遥控模型航空器飞行员执照）和 UTC（无人驾驶航空器系统操作手合格证）。

本书以 CAAC 无人机执照为例，介绍相关培训。

（一）证书简介

CAAC 无人机执照是中国民航局（CAAC）颁发的无人机操作证件，允许持有人合法地操作和飞行无人机。为了获得这一执照，申请者需要通过相关培训和考试，掌握飞行规则、空域管理、飞行安全等知识，并具备必要的飞行技能。持有 CAAC 无人机执照的飞手可以合法地进行商业用途的无人机飞行活动，并需要遵守相关法规和准则，保障空域安全与公共利益。

CAAC 无人机执照是无人机行业从业者的重要资质，其持有者在市场上具有就业竞争力，可以满足多样化的岗位需求。

（二）岗位概况

随着无人机技术的快速发展和广泛应用，其市场规模持续扩大。中投产业研究院发布的报告显示，中国无人机市场规模从 2015 年到 2023 年的年均复合增长率高达 57.05%，显示出强劲的增长势头。预计到 2035 年，全球无人机市场规模将超过 1500 亿美元，这无疑为无人机行业提供了巨大的发展空间。

（三）岗位特点

1. 行业多样化：无人机应用领域广泛，涵盖了航拍、农业、公安、物流、应急等多个领域，因此，持有 CAAC 无人机执照的人员可以在不同行业中找到适合自己的岗位。

2. 技能多元化：无人机驾驶员不仅需要掌握飞行技能，还需要具备数据处理、航线规划、设备维护等多种能力。具备综合技能的人才更受市场欢迎。

3. 高需求与高薪资：随着无人机技术的普及和应用领域的拓展，市场对无人机驾驶员的需求量不断增加，尤其是具备高技能和高学历的人才，更是供不应求。此外，无人机相关工作的薪资水平也比较高。

（四）岗位需求

1. 无人机驾驶员：这是无人机行业最基础的岗位之一，主要负责无人机的飞行操作和数据采集等工作。随着无人机应用领域的不断扩大，无人机驾驶员的需求量也在不断增加。

2. 无人机教员：负责无人机操控技术的培训和教学工作，从业者需要具备丰富的无人机飞行经验和教学经验。随着无人机培训的普及，无人机教员的需求量也在逐渐增加。

3. 无人机植保作业飞手：在农业领域，无人机被广泛应用于植保作业中。植保作业飞手需要掌握无人机的飞行技能和农药喷洒等技能，是农业无人机应用的重要人才。

4. 无人机测绘工程师：利用无人机进行测绘工作，需要掌握无人机航拍技术、测绘技术和数据处理技术等。随着无人机测绘技术的不断发展，无人机测绘工程师的需求量也在逐渐增加。

5. 无人机硬件工程师：负责无人机产品的设计和研发工作，需要具备扎实的电子技术和机械设计基础。这是无人机行业中专业技能水平和薪资水平较高的岗位之一。

（五）岗位薪资

无人机相关工作的薪资水平受多种因素影响，包括所在地区、行业领域等。一般来说，在二、三线城市，无人机飞手的起步薪资为每月 5000 ~ 8000 元；而在一线城市，起步薪资可能会稍高一些，达到每月 10000 ~ 15000 元。对于具备高学历和专业技能的无人机飞手来说，薪资水平更高。例如，无人机硬件工程师的月薪高达 10000 ~ 30000 元，部分资深研发工程师的年薪甚至达到 80 万元以上。

（六）报考条件

1. 报考者的年龄在 16 周岁以上、70 周岁以下，初中以上文化程度。

2. 报考者需要做到遵纪守法，无不良行为，同时要提供无犯罪记录的证明。

3. 身体要求：矫正视力在 1.0 以上，无色盲色弱、无肢体残疾、无传染性疾病、无心脑血管及精神类疾病。简言之，报考者不能患有可能妨碍飞行安全的疾病。

（七）报考流程

1. 报考者需要确定驾驶的机型，最常见的机型有固定翼、多旋翼和直升机。除此之外，还要选择考取证书的等级。CAAC 无人机执照共有三个等级的证书，分别为驾驶员（即视距内驾驶员）证、机长（即超视距驾驶员）证及教员证，其考试流程和要求大同小异。确定好目标后，就可以开始理论学习和飞行实践的培训了。

2. 理论考试。理论考试是正式考试的第一站。驾驶员考试、机长考试需要在 120 分钟内作答 100 道题，教员考试需要在 60 分钟内作答 40 道题。证件不同，考核标准也不同。

3. 综合问答。驾驶员考试、机长考试需要作答 10 道选择题；教员考试需要作答 5 道简答题。

4. 实操考试。以多旋翼的实践操作为例，需要完成起飞、360° 自旋、飞水平“8”字和降落。考试过程中会有专门的系统检测考生的航线，并且对完成项目的时间、飞行高度和偏离程度有一定要求。需要特别注意的是，驾驶员考试要使用无人机 GPS 模式；机长考试要使用姿态模式考试；教员考试要使用姿态模式顺时针、逆时针自旋 360° 各一圈，倒飞水平“8”字考试，操作中的要求更为严格。

5. 地面站。地面站只有机长考试需要，考查的是考生对无人机飞行平台和任务载荷进行监控与操纵的能力，例如监控飞行、规划航点航线、回放任务和地图导航等。

二、人工智能培训

人工智能的发展成为世界各国争相关注的焦点。随着技术的不断进步和应用场景的不断拓展，人工智能将在更多领域发挥重要作用，为我们的生活和工作带来更多便利。目前，全国各地的职业技能培训机构已经开始陆续为退役军人开设人工智能相关课程。指导退役军人使用人工智能大模型，可以让更多的退役军人掌握生成式人工智能的基本原理、技术方法和应用实践，具备在文生文、文生图、文生视频、图生图、图生视频、虚拟人制作等领域的创意设计与实现能力。相关实践课程注重培养退役军人的实际操作能力，如用人工智能大模型进行图形设计、字体设计等，从而提升退役军人的职场竞争力。

下面以上海大华进修学校人工智能创意设计师的培训为例，对相关课程进行介绍。

（一）课程概况

人工智能创意设计师培训旨在培养掌握人工智能技术的专业人才，以适应人工智能生成内容技术的快速发展和广泛应用。培训内容涵盖人工智能的技术原理、实现方法、项目实战及发展前景等，旨在提升学员在图像、文本、语音和视频生成等方面的专业能力。

课程内容包括人工智能全景分析、技术发展、行业应用等理论，以及主流人工智能工具（如文心一言、豆包等）的实操方法。通过学习，学员能够熟练使用人工智能工具，设计工作流程，优化提示词，微调模型，并全面评估人工智能模型的落地方案。

此外，该培训还涉及人工智能在娱乐艺术、创意与设计、教育、医疗和商业等领域的应用，以及面临的挑战和伦理问题。完成培训并通过考核的学员将获得职业资格证书（工业和信息化部认证），为职业发展增添竞争力。

（二）课程内容

1. 任务一：人工智能产品和行业分析；

实战：人工智能与摄影摄像技术应用、图形图像设计与人工智能应用。

2. 任务二："人工智能 +"应用；

实战：图像处理与识别技术应用。

3. 任务三：使用各类大模型撰写文案；

实战：文心一言、豆包等多个国内大模型公文撰写应用。

4. 任务四：人工智能办公应用；

实战：使用人工智能做周报、写会议总结。

5. 任务五：人工智能创意设计；

实战：使用人工智能辅助生成创意图片作品。

6. 任务六：创意 PPT 设计；

实战：文心一言一键生成 PPT、讯飞智文一键生成 PPT。

7. 任务七：人工智能鼠标应用；

实战：智能鼠标生成创意图文。

8. 任务八："Runway AI 视频生视频"短视频创作；

实战：运用人工智能将原视频进行润色处理。

9. 任务九：综合案例分析与实战；

实战：品牌 LOGO 设计、电商产品图设计、海报合成图设计、漫画制作。

10. 任务十：人工智能产品的制作与运用；

实战：运用所学习的人工智能制作短片。

（三）教学进度安排

表 4-1　上海大华进修学校人工智能教学进度安排

课次	课时	教　学　内　容
1	8	人工智能应用与摄影摄像技术实战
2	8	“人工智能 +”、平面图形处理与设计、识别技术应用
3	8	大模型人工智能应用与公文写作实战（通知、申请、会议纪要、合同）
4	8	人工智能办公应用、表格应用与图文排版制作
5	8	学习使用 DALL-E、Midjourney 等先进的文生图工具
6	8	人工智能创意 PPT 设计、版式与字体设计制作
7	8	人工智能鼠标应用与深度学习
8	8	“Runway AI 视频生视频”短视频创作
9	8	综合案例分析与实战（人工智能产品的制作与运用）
10	8	综合作品设计与考证

（四）课程考核

1. 平时成绩 50%+ 实践操作 50%。

2. 平时成绩通常包括：课堂出勤情况、课堂作业完成情况、上机实验任务的预习和完成情况及大作业等。

3. 授课教师出卷考核，通过后获得学校颁发的结业证书。

4. 通过工业和信息化部相关考核，获得职业资格证书。

三、其他适合退役军人的职业技能培训

除了无人机飞行执照与人工智能培训，退役军人还可以关注退役军人综合职业技能培训、健身教练职业技能培训、青少年体适能初级教练培训、人力资源管理师培训、咖啡师培训以及网络主播培训。这些培训项目不仅能够帮助退

役军人顺利过渡到职场，还能让他们充分利用在军队中培养的纪律性、团队协作能力和领导力。

（一）退役军人综合职业技能培训

这类培训项目通常包括基础的计算机操作、商务沟通、项目管理等课程，旨在帮助退役军人快速适应不同的工作环境。通过相关课程，退役军人可以提升自己的市场竞争力，增加就业机会。

（二）健身教练职业技能培训

鉴于许多退役军人在军队中已经具备良好的体能和健康知识，成为健身教练是一个不错的选择。这类培训会教授退役军人设计和执行健身计划，以及激励和指导客户达到他们的健康目标。

（三）青少年体适能初级教练培训

这类培训专注于教授退役军人指导青少年进行体育活动和体能训练。退役军人可以利用自己的经验和技能，帮助下一代培养健康的生活习惯和体育精神。

（四）人力资源管理师培训

人力资源管理师需要组织能力和人际交往技巧。退役军人在军队中的领导经验可以很好地转化为人力资源管理技能，帮助他们在这个领域取得成功。

（五）咖啡师培训

对于那些想要创业或者在餐饮行业工作的退役军人来说，咖啡师培训是一个不错的选择。这类培训会教授咖啡的基本知识、咖啡制作技巧等。

（六）网络主播培训

随着互联网和社交媒体的兴起，网络主播成为一个新兴的职业。退役军人可以利用自己的独特经历和魅力，通过网络平台分享故事，吸引观众。

这些培训项目不仅能够帮助退役军人找到新的职业道路，还能促进他们的个人成长和职业发展。通过这些培训，退役军人可以更好地融入社会，发挥自己的潜力，为社会作出新的贡献。

第三节 积极参加职业技能培训

退役军人在军队中积累了独特的技能和经验，但这些可能与社会职业的要求不完全匹配。退役军人在选择职业技能培训课程时，不仅要充分考虑个人的优势、特点，更要将自身融入时代发展的洪流，顺应市场经济趋势。退役军人只有立足当地产业发展需求，并且结合自己的职业生涯规划，才能选择适合自己的培训课程。只有掌握一技之能，才不会被时代淘汰，在社会发展变革中有一番作为。

一、立志成为新时代专业技能人才

随着我国进入新的发展阶段，对于专业技能人才的需求日益迫切。《关于加强新时代高技能人才队伍建设的意见》明确指出，技能人才是支撑中国制造、中国创造的重要支柱，对于增强国家核心竞争力和科技创新能力具有重要意义。为了实现这一目标，我国提出了“技能中国行动”，旨在“十四五”期间新增技能人才 4000 万人以上，使技能人才占就业人员比例达到 30%。

（一）政策支持与人才培养

我国通过一系列政策措施，为专业技能人才的成长提供了坚实的支持。《“技能中国行动”实施方案》强调了党对技能人才工作的领导，以及行业企业、院校和社会力量的共同参与。这些政策旨在通过改革创新，推动技能人才队伍的高质量发展，并以需求为导向，培养更多高素质的劳动者。

（二）职业发展与激励机制

为了促进专业技能人才的发展，我国实施了“技能激励”行动，加大了对高技能人才的表彰奖励，并建立了以国家奖励为导向的技能人才奖励体系。此外，政策还鼓励企业自主开展技能等级认定，支持企业结合自身特点，自主设置职业技能岗位等级，并与薪酬、岗位晋升相互衔接。

（三）重点领域与发展方向

在制造业、乡村振兴和现代服务业等领域，专业技能人才的需求尤为迫切。我国制造业的高质量发展需要大量专业技能人才的支持，乡村振兴领域也需要他们带动现代农业的转型升级。同时，数字经济的发展也为专业技能人才提供了新的就业机会。

（四）退役军人要把握机遇

对于退役军人而言，成为专业技能人才不仅意味着在国家战略中发挥作用，也是实现个人价值的重要途径。相关政策的实施为退役军人提供了广阔的发展空间，使他们能够通过技能培训和教育，成为新时代的创新者。《中华人民共和国退役军人保障法》中提到，退役军人服现役年限计算为工龄，退役后与所在单位工作年限累计计算，为退役军人提供了更多的就业机会和保障。此外，退役军人事务部等7部门联合印发的《关于全面做好退役士兵教育培训工作的指导意见》中提出，要健全学历教育与职业技能培训、创业培训、个性化培训并行的退役军人教育培训体系，挖掘岗位资源，探索"教培先行、岗位跟进"就业模式，鼓励优秀退役军人按有关规定到党的基层组织、城乡社区和退役军人服务机构工作。这些政策为退役军人提供了更多的学习和发展机会，帮助他们更好地融入社会，实现自身价值。

二、如何参加职业技能培训

第一，退役军人在选择职业技能培训时应根据自身实际情况，明确培训目的与职业规划的联系。退役军人应认识到学历提升和技能培训对于实现个人职业目标的重要性，并将其与自己的长期发展目标相结合。这不仅有助于提高自身就业竞争力，也是个人成长和适应社会变化的需要。

第二，退役军人需要了解不同培训项目的具体要求，包括入学条件、学习时间、费用等，并根据自己的实际情况进行比较和选择。这可能涉及对教育政策和行业动态的深入了解，以确保所选培训项目能够满足个人需求并符合职业发展的方向。

第三，退役军人应制订详细的学习计划，明确学习目标，如获取特定证书或技能等。同时，需要认真研究培训机构的课程设置和考核方式，合理安排学习进度，并利用时间表、计划表等工具来安排学习时间和任务。这有助于提高学习效率，确保学习目标的实现。

第四，退役军人应强化终身学习的理念，将提升学历和技能作为持续的过程。通过在职学历教育和专业知识的学习，退役军人不仅能够丰富自身知识体系，还能提升思想认知和多方面的素质。终身学习有助于退役军人适应职业发展的需求，实现知识和技能的持续更新，为职业生涯的长远发展打下坚实基础。

综上所述，退役军人参与职业技能培训时应注重目标明确、计划详细、终身学习，以实现个人职业发展和社会适应能力的全面提升。

延伸阅读

浙江绍兴：举办首届退役军人职业技能大赛

2023 年 11 月 25 日，浙江省绍兴市首届退役军人职业技能大赛暨退役军人技能成果展在浙江工业职业技术学院开幕，来自全市各行业的退役军人工匠现场比武、切磋技艺、亮出绝技、展示成果，这是该市规格最高、规模最大的退役军人职业技能专项赛事。

本届退役军人职业技能大赛由市退役军人事务局、市人力资源和社会保障局主办，中国建设银行绍兴分行、市退役军人就业创业促进会、浙江工业职业技术学院及区、县（市）退役军人事务局协办。省退役军人事务厅有关负责同志出席活动并宣布开幕，市人民政府、浙江工业职业技术学院、市退役军人事务局、中国建设银行绍兴分行、市人力资源和社会保障局、市退役军人事务局、市退役军人就业创业促进会及区、县（市）退役军人事务局有关领导，部分退役军人高技能人才、培训机构负责人，参赛退役军人选手、参加展示军创企业或个人及部分自主就业退役士兵代表约 400 人参加活动。

本次大赛聚焦核心专业、新兴职业，精心筛选无人机驾驶员、汽车维修工、数控车工 3 个竞赛项目。大赛自 2023 年 11 月初正式启动以来，得到社会各界的广泛关注和各行各业退役军人技能人才的积极参与，全市近100名退役军人报名参加竞赛，近70个退役军人技能成果项目参加现场展示。

依据大赛评判规则，经过严密有序的组织实施，各工种分别产生相应的获奖人选。最终，越城区、诸暨市、新昌县退役军人事务局分获团体一、二、三等奖；柯桥区、上虞区、嵊州市退役军人事务局分获优秀组织奖。

下一步，全市退役军人事务系统将以此次退役军人职业技能大赛为契机，进一步提升培育技能人才的思想认识，抓实抓紧退役军人职业技能培训工作力度，常态化开展各类职业技能竞赛，努力带动和激发广大退役军人钻研提升技能的热情，推动更多退役军人凭借一技之长走上技能成才、技能致富之路。

（资料来源：退役军人事务部官网）

第五章

退役军人学历提升指导

退役军人是重要的人才资源，是建设中国特色社会主义的重要力量。随着社会的不断发展和经济结构的调整，学历已成为个体职业发展不可或缺的一环，鼓励退役军人提升学历，对于更好实现退役军人自身价值、助推经济社会发展、服务国防和军队建设具有重要意义。

第一节　退役军人学历提升的重要性

终身学习、全程学习是退役军人改善知识结构、提升就业创业能力的必要途径，具体包括高等学历教育、技能培训、继续教育等方式。了解多元化的学历提升途径，包括高等学历教育、成人高考、单独招生等，能够使退役军人根据个人实际情况选择最合适的学习路径，提升职业竞争力。

学历是退役军人职业发展的“敲门砖”，军人退出现役，回到地方之后，应加强学习，提升学历，因为学历的高低往往影响着退役军人职业生涯的起点。

一、公招公考

通过学历提升，退役军人可以满足各类职位的学历要求，使自身具备更高的学历水平和更强的专业技能，提高自己在公招公考中的竞争力，扩大自己的报考范围，增加获得工作机会的可能性。

二、求职应聘

★图 5-1　四川省面向退役士兵定向招录公务员（参公人员）考前公益培训班开班（图片来源：四川省退役军人事务厅）

当前，随着高等教育的普及，每年大学毕业生人数逐渐增多，就业市场对学历文凭的要求逐步提高。国家体制内单位的编制招录，除了边远艰苦地区，还有少量大专生的聘用空间，更多的单位只招录全日制本科以上学历人员。地方民营企业的许多初级就业岗位也只招录大专以上学历人员。随着求职人数增多，未来各行业对学历的要求必然会越来越高。

三、安置定级

退役军人的安置岗位等级通常与其学历水平、专业技能和工作经验等密切相关。如果没有相应的学历，很可能会被要求从较低的岗位等级做起。通过学历提升，退役军人可以获得更高的学历和专业技能认证，就有机会获得更好的待遇和发展机会。此外，退役军人在新的岗位上，如果缺乏相关的学历和专业技能，很可能需要很长的时间适应和掌握工作内容。而通过学历提升，退役军人可以快速掌握新的工作内容和技能，提高工作效率。

第二节　退役军人学历提升的方式及政策

为了使更多退役军人能够接受系统的高等教育，实现知识结构和技能水平的“二次专业化”，顺利由军事专业人员转变为经济社会建设者，国家出台了相关优待政策，支持退役军人接受学历教育。

一、全日制的提升方式

（一）退役后复学

1. 保留学籍：入伍前已被普通高等学校录取并保留入学资格或者保留学籍的退役士兵，退役后 2 年内允许入学或者复学。

2. 转专业：大学生士兵退役后复学，经学校同意并履行相关程序后，可转入本校其他专业学习。

3. 免修课：入学后或者复学期间可以免修军事技能训练，直接获得学分。

4. 学习期限：允许适当延长修业年限。

5. 学费减免与教育资助：本专科阶段、研究生阶段，对应征入伍服义务兵役、招收为军士、退役后复学或入学的高等学校学生实行学费补偿、国家助学贷款代偿、学费减免。全日制在校退役士兵学生全部享受本专科生国家助学金。学费补偿或国家助学贷款代偿金额，按学生实际缴纳的学费或获得的国家助学贷款（包括本金及其全部偿还之前产生的利息）两者金额较高者执行。复学或新生入学后学费减免金额，按高等学校实际收取学费金额执行。学费补偿、国家助学贷款代偿、学费减免的标准，本专科生每人每年最高不超过 16000 元，研究生每人每年最高不超过 20000 元。

（二）就读中等职业学校或技工院校

实行注册入学；退役士兵申请就读中等职业学校或技工院校，经学校考核同意，享受中等职业教育免学费政策和国家助学金。

在学费减免与教育资助方面，凡就读中等职业学校具有全日制正式学籍的退役士兵，可按照相关规定享受国家资助政策，具体包括：公办中等职业学校一、二、三年级在校生中所有农村（含县镇）学生、城市涉农专业学生和家庭经济困难学生免除学费（艺术类相关表演专业学生除外）；一、二年级在校涉农专业学生和非涉农专业家庭经济困难学生享受国家助学金，其中，六盘山区等 11 个连片特困地区和西藏、四省藏区、新疆南疆三地州中等职业学校农村学生（不含县城）全部纳入享受助学金范围。

（三）参加高职（专科）单独考试招生

符合高考报名条件的退役军人报考高职学校，由省级教育行政部门指导有关高职学校在高职分类招生考试中采取自愿报名、单列计划、单独考试、单独录取的办法组织实施。报考人员应取得高中阶段教育毕业证书或具有同等学力；参加单独招生的退役士兵考生不参加文化素质考试与专业技能测试。有关院校将安排专门的素质测评或面试，依据成绩优先录取。所有新录取的学生进校后，均须参加由学校安排的健康检查及入学资格复审。若查出有使用伪材料取得资格、冒名顶替、体检不实或其他违规行为者，将依照有关规定予以清退。

高职（专科）在校生（含高校新生）入伍经历可作为毕业实习经历。从2022年起，高职（专科）毕业生及在校生（含高校新生）应征入伍，退役后完成高职（专科）学业的，申请专升本，免于参加文化课考试。有关高校组织相关的职业适应性或职业技能综合考查、综合评价，择优录取。此外，高职学校可通过联合考试或成绩互认等方式，减轻退役军人考试负担。退役军人入学后，实施现代学徒制培养、订单培养、定向培养，鼓励半工半读、工学结合。可申请免修公共体育、军事技能和军事理论等课程，直接获得相应学分。达到学校毕业要求的，由学校颁发普通全日制毕业证书。

在学费减免与教育资助方面，对退役一年以上，自主就业，通过全国统一高考或高职单招考入高等学校并到校报到的入学新生，实行学费减免。退役军人参加高职扩招，学费资助按高职院校实际收取学费金额执行，每人每年最高不超过8000元，超出部分自行负担；按规定给予退役军人学生助学金资助，其他奖助政策按现行规定执行。

（四）参加普通高等教育入学考试

自主就业退役士兵可在其全国普通高考统考成绩总分的基础上增加10分投档；在服役期间荣立二等功以上或被战区（原大军区）以上单位授予荣誉称号的退役军人，可在其统考成绩总分的基础上增加20分投档。退役军人考生在与其他考生同等条件下优先录取。烈士子女、服役期间荣立二等功以上或被战区（原大军区）以上单位授予荣誉称号的退役军人，可享受加分优待。符合多项加分条件的，只取其中最大的一项分值，且不得超过20分。自主就业退役士兵可加分值不得超过 10 分。平时荣获二等功或者战时荣获三等功以上奖励军人的子女，一至四级残疾军人的子女，因公牺牲军人的子女，驻国家确定的三类以上艰苦边远地区和西藏自治区，以及中央军委机关划定的二类以上岛屿工作累计满 20 年军人的子女，在国家确定的四类以上艰苦边远地区或者中央军委机关划定的特类岛屿工作累计满 10 年军人的子女，在飞或停飞不满 1 年或达到飞行最高年限空勤军人的子女，从事舰艇工作满 20 年军人的子女，在航天和涉核岗位工作累计满 15 年军人的子女，参加全国统考并达到有关高校投档要求的，应予以优先录取。国家综合性消防救援队伍人员及其子女参加全国统考录取的，参照军人有关优待政策执行。退出部队现役的考生、残疾人民警察参加全国统考录取并达到有关高校投档要求的，在与其他考生同等条件下优先录取。

（五）统招专升本与免试专升本

统招专升本的招生对象只有两类：一类是高职院校应届毕业生，另一类就是退役士兵。具有普通高职（专科）毕业学历的退役士兵，可自愿报名参加普通高校专升本考试。报考资格由招生高校负责审核，考生凭身份证、普通高职（专科）毕业证和退出现役证报考，每位考生只能选报一所高校。退役士兵参加专升本考试科目与同专业普通考生相同，采用单独录取的办法，由招生高校根据招生要求进行申报。对参加专升本考试的退役士兵，单列招生计划，单列录取分数线。通过了学校设置的招生考试之后，需要到学校再读两年本科，修完规定的学分即可领取全日制本科毕业证，之后可以享受本科考研等同等待遇。

2022 年，国家全面推行退役士兵免试专升本。高职（专科）毕业生及在校生（含高校新生）应征入伍，退役后完成高职（专科）学业的，申请专升本，免于参加文化课考试。有关高校组织相关的职业适应性或职业技能综合考查、综合评价，择优录取。各地教育部门一般都会在前一年年底或当年年初发布退役士兵免试专升本具体实施办法，已经参与招生的高校名单和专业目录等信息。退役士兵可以在各地教育部门网站查询了解。

退役大学生士兵免试专升本与统一考试专升本不得兼报，报名统一考试专升本的退役大学生士兵考生，不再享受免试专升本政策。通过免试专升本录取的退役大学生士兵考生，须将档案转至录取高校并参加全日制培养；对录取后未报到、自行放弃入学资格的退役大学生士兵考生，不再享受免试专升本政策。

（六）参加研究生招生考试

普通高等学校应届毕业生应征入伍服义务兵役退役后的考生，3 年内参加全国硕士研究生招生考试，初试总分加 10 分，并在同等条件下优先录取。2015 年，将考研加分范围扩大至高校在校生（含高校新生），允许普通高校在校生（含高校新生）应征入伍服义务兵役退役，在完成本科学业后 3 年内参加全国硕士研究生招生考试，初试总分加 10 分，同等条件下优先录取。对服役期间获得三等战功、二等功以上奖励或者二级以上表彰，符合全国硕士研究生招生考试报考条件的退役人员，可申请免初试攻读硕士研究生。

（七）退役大学生士兵计划

2020 年 6 月，教育部、中央军委国防动员部联合下发通知，明确从 2021 年起，扩大“退役大学生士兵”专项硕士研究生招生规模，由每年 5000 人扩大到 8000 人，重点向“双一流”建设高校倾斜。

1. 报考条件

根据教育部发布的《2025 年全国硕士研究生招生工作管理规定》，报考“退役大学生士兵计划”（以下简称“专项计划”）的考生，应为高校学生应征入伍退出现役且符合硕士研究生报考条件者，其中，“高校学生”指全日制普通本专科（含高职）、研究生、第二学士学位的应（往）届毕业生、在校生和入学新生，以及成人高校招收的普通本专科（含高职）应（往）届毕业生、在校生和入学新生。考生在报名时应按要求填报本人入伍前的入学信息以及入伍、退役等相关信息。有关部门和招生单位应按照规定的程序和要求开展考生报名资格审核。

（1）报考“退役大学生士兵计划”的考生必须为退出现役的高校学生，可分为下面 5 种情况。

① 入伍前已从高校全日制普通本专科（含高职）、研究生、第二学士学位

或成人高校招收的普通本专科（高职）毕业，符合条件；

② 入伍时是高校全日制普通本专科（含高职）、研究生、第二学士学位或成人高校招收的普通本专科（高职）翌年毕业在校生，服役期间毕业，符合条件；

③ 入伍时是高校全日制普通本专科（含高职）、研究生、第二学士学位或成人高校招收的普通本专科（高职）在校生，入伍前办理休学保留学籍，退役后回到原学校复学，符合条件；

④ 入伍时是高校全日制普通本专科（含高职）、研究生、第二学士学位或成人高校招收的普通本专科（高职）新生，入伍前办理保留学籍或入学资格，退役后回到原学校复学，符合条件；

⑤ 入伍时是高校全日制普通本专科（含高职）、研究生、第二学士学位或成人高校招收的普通本专科（高职）在校生或入学新生，退役后未复学（或复学后退学），另外获得本专科学历的情况，符合条件。

注意：入伍前无大学学籍 / 入学资格，即仅以初高中、中专毕业生身份入伍，退伍后再考取大学的，是不符合专项计划条件的。

（2）入学新生是指办理入学报到手续和保留学籍或入学资格手续后入伍。

如果拿到录取通知书但未办理入学报到手续和保留学籍或入学资格手续而直接入伍的，则不符合专项计划条件。所以，提醒准备入伍的大学新生：不管高考成绩如何，拿到哪个普通全日制本专科学校的录取通知书，入伍前务必跟学校联系，办好入学、保留学籍 / 入学资格的手续。

（3）符合硕士研究生报考条件：一是符合《××年全国硕士研究生招生工作管理规定》（即当年的研究生招生总规定）；二是符合报考学校的相关规定。学校的相关规定可以在招生简章、网报公告、学校网站的研究生招生板块中查看。另外，在中国研究生招生信息网中也能查到各高校的网报公告。招生简章已经对报考条件规定得很详细了，网报公告主要是列举网上报名的注意事项，也会对报考条件进行一些提醒。

2. 报考专业与学习形式

大部分学校不限制专项计划的专业与学习形式、报名范围，即学术硕士、专业硕士，全日制、非全日制都可以报考。部分学校会有限制，具体需要查询各院校专项计划招生公告。

3. 专项计划招生名额

官方在发布招生通知时，也会附带公布每个院校的招生计划人数，每个院校的计划人数都是确定好的，分配到校，指标单列，与统招计划的名额无关，原则上不得挪用。

4. 专项计划与退役大学生士兵初试加分政策之间的关系

要注意，纳入专项计划的考生，不再享受退役大学生士兵初试加分政策。

退役大学生士兵初试加分政策是，高校学生应征入伍服现役退役，达到报考条件后，3 年内参加全国硕士研究生招生考试的，初试总分加 10 分，同等条件下优先录取。

★图 5-2 漳州卫生职业学院退役军人服务站为退役大学生士兵提供政策咨询、学历提升、职业技能培训等方面的保障服务（图片来源：福建省退役军人事务厅）

加分政策和专项计划是两个不同的政策，只能二选一：专项计划是教育部分配给学校的专项计划名额，即名额专用，符合条件的退役大学生士兵内部竞争，初试不加分，没有时间和次数上的限制；而普通统招计划是学校分配给每个报考专业的普通统招名额，需要与报名该专业的普通统考生竞争，但退役大学生士兵初试总分加 10 分，有时间限制（要按学校规定提交加分材料）。

5. 报名的注意事项

退役大学生士兵在网上报名时，应填报本人的《入伍批准书》编号和退出现役证编号，现场确认和复试都会查验《入伍批准书》和退出现役证的原件或复印件（看学校要求）。《入伍批准书》在士兵档案里。士兵档案会转给区县一级的退役军人事务局（新生或是在校生入伍的，退役后档案可能会转到学校），报考前先联系区县退役军人事务局，核实自己的士兵档案的存档单位。

6．复试与调剂

复试时专项计划考生不与普通统考生一起排名。复试一般分为两种：一是1：1进复试，合格即录取；二是差额进复试，差额录取。

专项计划的复试线一般比统招的低，部分高校只划总分复试线，不要求单科成绩；具体的分数线、复试模式与录取方式都由院校自主决定，可在有关学校的网站上查询通知。

专项计划考生调剂：符合学校关于专项计划调剂的要求即可申请调剂。

如果报考专项计划的考生申请调剂到普通计划，其初试成绩须达到调入地区相关专业所在学科门类（专业学位类别）的全国初试成绩基本要求，符合条件的，可按规定享受退役大学生士兵初试加分政策。

报考普通计划的考生，符合专项计划报考条件的，可申请调剂到该专项计划，其初试成绩须符合相关招生单位确定的接受专项计划考生调剂的初试成绩要求。

二、非全日制的提升方式

（一）参加成人高校招生“高起专”或“高起本”

报考“高起本”（高中起点升本科）或“高起专”（高中起点升专科）的考生应当是高级中等教育学校（含普通高中、普通中专、职业高中、职业中专、成人中专、技工学校）毕业或者具有同等学力的人员。对以自主就业方式退役的士兵，省级招生考试机构可以在考生考试成绩基础上增加10分投档，是否录取由招生学校确定。该项政策主要针对报考“高起本”或“高起专”的自主就业退役士兵。

自主就业退役士兵申请加分资格。网上填报信息时须上传标明安置方式为自主就业的退出现役证或《退出现役登记表》扫描件。考生在网上填报信息时均须根据实际条件选择录取及投档照顾政策类型，如因考生个人选择错误导致无法享受当年录取及投档照顾（含免试入学），责任由本人担负。

（二）参加成人高校招生免试“专升本”

符合“专升本”报考条件的自主就业退役士兵、逐月领取退役金的退役军官、复员干部，凭身份证、退出现役证（义务兵 / 军士退出现役证、军官转业证、军官复员证）及相应的学历证书，可申请免试就读成人高校专升本。

符合“专升本”免试报考条件的退役军人（自主就业退役士兵、逐月领取退役金的退役军官），在网上填报信息时须上传退出现役证（义务兵 / 军士退出现役证、军官转业证、军官复员证）及相应的学历证书扫描件。考生在网上填报信息时均须根据实际条件选择录取及投档照顾政策类型，如因考生个人选择错误导致无法享受当年录取及投档照顾（含免试入学），责任由本人担负。经审核，不符合成人高考免试“专升本”规定的退役军人，可报名参加成人高考“专升本”招生考试。

（三）自考

自考的全称为“高等教育自学考试”。自考分为大专和本科两个学历层次，大专是所有学历均可报考，通过所有的考试即可申请毕业；本科是通过所有的考试后需要提供大专及以上学历毕业证才能申请毕业。

（四）开放大学

开放大学有国家开放大学和地区开放大学两种。不同地区开放大学的招生政策有些许差异。

（五）成人高考

成人高考的全称为“成人高等学校招生全国统一考试”，是为各类成人高等学校选拔合格的毕业生以进入更高层次学历教育的入学考试。成人高考属于国民教育系列，列入国家招生计划，国家承认学历，全国统一招生考试。

★图 5-3 退役军人在云南省红河哈尼族彝族自治州退役军人事务局举办的退役军人专场招聘会现场了解提升学历的情况（图片来源：退役军人事务部官网）

退役军人参加全国成人高考，省级成招办可

以在考生考试成绩的基础上增加10分投档。应征入伍服义务兵役的普通高职（专科）毕业生，凭身份证、普通高职（专科）毕业证、退出现役证，可申请免试就读所在省（区、市）的成人高校专升本。

（六）远程教育

远程教育的全称为“现代远程教育”，也被称为“网络教育”，在电视和互联网兴起时应运而生，遴选各大高校作为教学点，不同于传统线下教学，主要通过网络进行教学。远程教育分为大专和本科两个学历层次。报读大专需要高中或者中专毕业证，报读本科需要大专及以上学历。

三、高职扩招、自考、开放大学、成人高考、远程教育之间的区别

（一）入学门槛对比

1. 高职扩招：具有高中教育阶段学历或同等学力（初中毕业满3年以上）的退役军人均可报名参加高职扩招。具体入学门槛可能因地区、学校、专业等因素而异，建议咨询当地的招生部门或相关高校了解更多信息。

2. 自考：没有入学考试，考生参加单科考试，合格一门，就发一门的合格证书，每个科目通过后即颁发对应的合格证明，本科还需通过论文答辩，方可被授予学位证书。年度内设有2个考试周期，考生可以根据自身情况安排应考科目。

3. 开放大学：学生无须通过考试即可入学，但需满足相关的学历要求。

4. 成人高考：成人高考是全国统一招生考试，由学校根据考试结果择优录取。9月上、中旬通过网络报名，10月底举行一次全国统一考试，次月公布成绩，再次月公布录取结果。被录取的考生会收到录取通知书，次年3月入学注册学籍。

5. 远程教育：由招生院校自行出题并组织考试。

总体而言，高职扩招的考试由院校自主举行；自考和开放大学采取“宽进严出”政策，入学条件相对宽松；而成人高考和远程教育则需先通过考试才能入学。区别在于，成人高考是全国统考，远程教育考试则由各院校自行组织。在考试难度上，部分网络大学因知名度较高且招生专业为院校优势学科，故入

学要求较高，考题难度也相应增大。

（二）学习方式对比

1. 高职扩招根据教育部关于高等职业院校人才培养工作要求，结合退役军人实际，在校学习的总学时数不低于 2600 学时，其中，集中学习每学年不低于 360 学时，实践实习每学年不低于 400 学时。退役军人的培养采取灵活多元的教学模式，集中学习与分散教学相结合，线上与线下混合教学。

2. 自考主要依赖个人自学，同时考生也可参加由社会培训机构或主考学校举办的学习辅导班。期望进入理想名校学习的非本地学生，可以选择报名参加网络学院，通过远程教学完成学业。

3. 开放大学的教育方式包括网络课程和面对面授课。对于那些住所不固定、可能需要经常出差的人，建议选择广播电视大学，因为其学籍保留时间较长。一旦学生改变工作地点或住所，只需向注册的广播电视大学申请一封推荐信，便可以在其他城市的广播电视大学继续学业，无须支付额外费用。

4. 成人高考主要有脱产、业余、函授 3 种学习方式。

上述 4 种模式均可在业余时间学习，但对于自学能力和自控力较弱的人，集中授课的学习方式可能更为合适。

（三）招生对象对比

高职扩招、远程教育和开放大学的招生对象通常涵盖在职人员以及其他社会成员。对于想要报考专科及本科课程的学生，一般需要具有普通高中、中等专业学校、技校的毕业证书或相当的学历。若目标是本科以上学历，则应持有专科或更高学历证书。成人高考主要面向本地户籍学生，但也为外地学生提供函授教学途径。自考则提供了一个无年龄、性别、民族和教育程度限制的开放性教育平台，初中毕业生也可报名参加。

（四）学习年限对比

各类教育的学习年限差异明显。高职扩招的退役军人需学习 3~5 年，通过学校评估后，方可获得毕业证书；自考通过分科考试及学分累计即可，无学期、学年限制；各级广播电视大学、开放大学实施学分制，学制为 2 年，学籍有效期限为 8 年；成人高考的学习期限因招生层次、专业选择和学习方式的不同而有所区别，通常为 2~6 年；远程教育通常采取弹性学制，学生可自定学习期限。

（五）招生院校对比

高职院校主要是分布在省内的专科院校。自考以普通高校作为主要的主考院校，主考院校或社会教育培训机构提供自学考试所需的培训支持。广播电视大学的招生主体是中央广播电视大学及其分布于全国各省级行政区的分校。成人教育院校包括由普通高校举办的夜间大学、远程教学班，以及其他独立设置的成人教育机构，例如业余大学、职工大学等，同时还包括广播电视大学和各类管理干部学院、教育学院。民办高校和独立设置的二级学院也成为成人教育体系的一部分。远程教育的招生主体则为国家批准的具有远程网络教育资质的普通高等院校，部分学校将网络教育与成人教育共同归属继续教育学院管理，而有的学校则单独设立了网络教育学院。

在选择报考各类院校的时候，一定要了解其是否具备国家所认可的办学资质。

（六）证书含金量对比

各种成人教育方式，包括成人高考、自考、开放大学，以及远程教育，均发放国家认可的学历证书。这些证书的持有者与普通高等教育毕业生享有同等权益，如可以参加研究生入学考试、公务员考试、司法考试、教师招聘考试、事业单位职位选拔，以及其他职业资格考试。同时，符合条件的毕业生可以申请学士学位。

自考因其学位获取难度较大，其证书在社会上的认可度相对较高。对于选择远程教育的考生而言，他们更注重的是依托知名院校的网络教育学院所提供的品牌效应和专业实力。

第三节 退役军人提升学历的建议

一、根据自身实际情况选择学历提升途径

第一，需要清楚自己为什么要提升学历，以及将学历提升与自己的职业规划和发展方向联系起来，确保所选学历提升途径最终能够帮助自己实现预期目标。

★图 5-4 上海市松江区退役军人专场招聘会现场（图片来源：上海市松江区退役军人事务局）

第二，不同学历提升途径在入学条件、学习时间、学费等方面可能会有较大区别，在选择学历提升途径时，需了解不同学历提升途径的具体要求，可以通过各种途径查询相关的教育政策、公告和讲座信息，并对照自己的实际情况进行比较和选择。

第三，需要考虑学习方式是否符合自己的需求和时间安排，需要评估自己的技能和知识水平，以便选择最适合自己的学历提升途径。

二、制订详细的学习计划

第一，需要明确自己想要实现什么样的学习目标，比如获取哪个学位、取得哪些证书等。

第二，需要认真研读所选学校或机构的入学要求、课程设置和考核方式等信息，以便对自己需要完成的任务和进度有清晰的认识。需要根据自己的日常工作和生活学习安排，规划详细的学习进度，可以采用时间表、计划表等工具帮助自己更好地记录和管理学习时间与任务，应该注重学习过程中的复习和笔

记整理，以保证自己对所学知识有准确、透彻的理解和记忆。

三、强化终身学习，提升学历

学习并不是一个阶段性任务，而是需要终身投入的。提升学历不仅是求职就业、事业发展的需要，更是保持终身学习态度、保持良好自律习惯的体现。通过在职学历教育，可以学习一些专业知识、阅读相关理论文章、探讨有关行业话题，在获取学历文凭的基础上，不仅丰富了自己的专业知识，也提升了自己的思想认知，还锻炼了自己的大脑记忆、学习能力、自律管理等多方面的素质。通过终身学习，退役军人可以适应职业发展的需求，不断提高自己的技能，实现职业生涯的长远发展。

延伸阅读

“00后”退役狙击手，考研上岸清华大学

王蕴宁，2000年出生于山西太原，曾是杭州电子科技大学2018级本科生，大三时，他毅然选择参军入伍。服役期间，在100多人的新兵训练营中，王蕴宁以四项体能综合第一的成绩被评为“十佳新兵”并编为狙击手。退役复学后，他仅用半年时间考上了清华大学的研究生，实现了由退役大学生士兵向研究生的转变。

★图5-5　杭州电子科技大学退役大学生士兵王蕴宁训练的照片

在训练中，他能够连续四五个小时一动不动地保持狙枪姿势，展现出狙击手所需的极高的稳定性和耐力。部队生

活磨炼了他的意志，无论是在雷暴天驻扎深山，还是在体感温度高达 50℃的帐篷里住上数月，抑或是在 12 月的寒冬洗冰水澡，他都能坚持下来。在进行武装越野跑训练时，他携带着重量达20斤的狙击步枪，全身负重超过40斤，还要在服装内嵌入两块钢板，总计负重超过 100 斤。在两年的军旅生涯中，他获得了班级三等功、基地“十佳新兵”称号，成为同批唯一获得“四有优秀士兵”称号的个人，并记嘉奖一次，还取得了体能全能全营第二名以及狙击手集中训练中体能和理论双科第一名的成绩。

在服役的第二年，王蕴宁便下定决心备战研究生入学考试，并抓住休息时间自学高等数学。尽管条件艰苦，没有机会看网络课程，但他始终保持着勤奋学习的状态。退役后，他对自身的条件进行了全方位的分析，并根据这一分析选择了适合的学校和专业，虽然离考试仅剩半年多的时间，加之已两年没有正规学习，但他还是毅然决定跨专业报考，从一开始就以冲刺速度投入学习。早上 6 点半起床，晚上 9 点多结束自习，王蕴宁仅用半年多的时间进行备考，便以其坚韧不拔的学习精神，成功考入清华大学深圳国际研究生院，成为海洋技术与工程专业的一名研究生，实现了由“战士”向“硕士”的转变。

王蕴宁在目标选择上的底气来自军旅生涯中磨炼出来的吃苦精神和意志力，他坚信只要能吃苦、扛得住，就能做到最好。考上研究生后，师生朋友们都为王蕴宁送上了祝贺，称赞他“能文能武，未来可期”。相信他将带着部队训练的意志力和“半年拼清华”的拼搏精神，继续朝着梦想进发。

（资料来源：人民日报客户端，https://wap.peopleapp.com/article/7416688/7247875）

【职场成长篇】

第六章

退役军人求职指导

退役军人从军营到地方，有一个熟悉的过程，如果尚不清楚要从事何种行业、参与何种工作，就不要盲目跟风。要基于自身能力和现实条件认真选择，在社会角色转变的关键阶段较好地实现过渡。在这个关键阶段，首先要认真分析宏观就业形势及就业风险，结合自身素质及择业条件，深入了解并运用好国家和地方的配套政策制度及措施，使自己在职业生涯道路上越走越自信。

本章就如何选择职业方向、确定职业目标，做好求职竞聘前的准备，以及一些需要了解的注意事项等展开论述。

第一节　如何选择职业

退役军人回到地方后，要面对个人职业选择的问题，这是树立人生目标、实现价值追求至关重要的一步。想更高质量地就业，就应当在就业前充分认识自己，明确职业方向。要注意感知和评价自己的各方面能力，重点了解个人的兴趣特长爱好；要明确自己的理想和追求，形成适合本人特质的就业目标；要培养个人的就业决策能力、检索和鉴别信息的能力，提升职业规划技巧，学习和掌握政策法规等，以便在求职择业的过程中做到游刃有余。做好求职择业的准备工作是成功就业竞聘的重要保障，退役军人应充分认识求职择业准备工作的重要性，打有准备的“仗”。

一、选择职业的基本原则

退役军人站在“两个一百年”的历史交汇点上，应主动承担起历史和时代赋予自己的责任与使命，在复杂多变的社会发展环境中，坚守自己的人生理想，树立为民族复兴和人民幸福而不断奋斗的崇高信念。马克思在《青年在选择职业时的考虑》一文中，从“为什么要选择职业”“如何进行职业选择”“选择什么样的职业”三个方面对择业进行了深刻而透彻的分析与论述，在当前严峻复杂的就业形势下，对退役军人科学理性地选择职业仍具有重要的现实指导意义。

选择职业的基本原则：一是符合社会需要。一个人在选择职业时，建议把当前或未来社会的需要作为出发点和归宿，以社会对自己的要求或期待为基准，根据国家重点发展战略方向去考虑自己的职业方向。二是结合个人优势，即在选择职业时，综合考虑个人的经历经验、能力素质情况，尽可能选择能充分发挥自身特长和优势的职业，以利于今后顺利、出色地完成本职工作。三是优先考虑重要因素。在选择职业时需要考虑的因素往往是多方面的，比如单位性质、工作地点、工作条件、生活待遇、发展方向等，不可能样样遂心，重要的是在择业过程中怎样结合个人需要权衡利弊，进行主次排序。四是着眼更远未来。退役军人在选择职业时，既要看眼前利益，又要看单位发展前景；既要看暂时困难，又要看单位的未来；既要生活安逸，又要考虑对事业的追求等。

二、选择职业的具体方法

职业是人们能长期稳定从事并且有一定专门职能的有酬工作，是人们从事某项工作时所获得的劳动角色。偶然或短期从事某项工作，不能算是职业活动，职业活动必须长期稳定。对劳动者而言，职业首先是其谋生的手段，通过职业，劳动者将获得一定的社会角色，为社会提供劳动，作出贡献，得到社会的认可。劳动者为了实现更高的自身价值，会努力学习、勤奋工作，不断提高自己的职业能力，这样自身也能得到不断发展。劳动者在职业活动中做得越好、做出的成绩越多，为社会所做的贡献就越大。这样一来，社会给予劳动者的报酬就越高，劳动者的社会地位也就越高。所以，职业为劳动者搭建了一个舞台，每个劳动者都可以在这个舞台上尽情展现自己的才能，使自己得到充分发展，实现和创造更大的人生价值。

选择职业主要考虑两个方面的因素：一是了解自己，二是了解环境，两个方面缺一不可。

（一）对自身的了解

通过了解自己，评估自己的能力，评价自己的智慧，确认自己的性格，判断自己的情绪特征，找出自己的兴趣，明确自己的优势和不足，以此为依据选择自己的职业。退役军人在部队这座大熔炉里，有着明确的分工，也有着各自的专业技能技术，要结合自身的成长路径轨迹，参考自己在各个工作岗位上的工作经历，进一步了解自己、认识自己。

如何了解自己？比较简单的方法是自我测试。现在有很多测试模型和软件，比较常用和流行的职业人格评估工具有荣格 16 型人格测试（MBTI）和霍兰德职业兴趣测试（SDS），只要如实回答这些测试题，就能大体了解自己。在做这些测试题的时候要注意根据实际情况进行回答，有的人没有根据自己的实际情况来回答，而是按照自己希望的结果来回答，或是按照社会常理来回答，就完全失去了自我测试的意义，更为严重的是以不真实的自测结论为依据规划自己的人生，将起到误导作用。因此，在回答自测问题时，一定要按照自己的世界观、价值观，以及生活、工作的习惯实事求是地回答，这样的测试结果才能更准确。

（二）对环境的了解

主要是了解自身所处环境的特点、环境的变化、自己与环境的关系、自己在特定环境中的地位、环境对自己提出的要求及环境对自己的有利条件与不利条件等，只有对这些环境因素进行分析思考，才能在复杂的环境中趋利避害，使自己的职业生涯规划更容易朝着理想迈进。

环境的分析主要包括三个方面。一是组织环境的分析。对自己所选择的组织（单位或行业）的特点、文化、经营状况、发展状态、发展战略、用人需求、升迁政策以及升迁标准等进行分析。二是社会环境的分析。分析社会政策、社会变革、社会价值观念、人才市场需求、科学技术的发展趋势以及社会热点问题对所选职业的影响。三是经济环境的分析。分析经济模式的转变、经济体制的改革、经济政策的变化、产业结构的变化趋势、经济的增长率、经济的景气程度、经济建设重点的转移等对所选职业的影响。

★图 6-1 广西壮族自治区梧州市成立退役军人就业创业联盟。广东省东莞市打造退役军人就业“东融”基地，为广西退役军人在粤港澳大湾区实训和就业创业提供平台。图为参加招聘活动的退役军人正在进行现场咨询（图片来源：中新网）

退役军人在选择职业时，既没有经历经验参考，也没有足够的时间去亲身体验，往往会受到个人下意识的情感反馈或者表面信息的引导，从而影响决策判断。当无法完全依靠自身理智去选择职业时，可以向亲人朋友、权威的咨询机构去寻求最大的帮助与支持，从而少走弯路。拥有丰富的社会阅历和人生经历的权威可信之人，可以帮助退役军人更理性地分析与思考现状，从而更理智地选择适合自己的职业。

三、选择职业的注意事项

（一）量力而行地选择适合自己的工作单位和工作岗位

就业，是一种双向选择行为，既是退役军人对单位工作环境、工资待遇、福利条件、劳动强度的选择，也是单位对退役军人的技能水平、个人素质、思想道德水平的选择。只有彼此都能接受对方的条件时，就业才能实现。所以，退役军人要从自身条件和对方的用人条件出发，选择与自己契合的单位，切不可一味追求想象中的工作轻松、工资高、待遇好的单位。

（二）不苛求一步到位，注意观察职业的发展潜力

人生就是一场远行，从第一天、第一步起，直到跬步累积千里，才能达成最终目标。不论是哪个单位，其对新入职的员工更多的要求是从最基本的工作

做起，从基础工作中考察新员工的品德、能力、素质，根据新员工的表现和岗位需要，逐步培养人才。有的退役军人就业时容易陷入一些不切实际的误区，目标过高，过于理想化而脱离了自身实际，结果处处碰壁、屡遭挫折。如果不能及时作出改变，盲目投入，会导致大量的时间被浪费而一无所获。所以要避免眼高手低，接受从基础平凡的工作起步，并通过不断学习，磨炼自己的意志，脚踏实地提升自己的能力，在学习成长的过程中认识到自身与职业之间的关系，从而探索出适合自己的职业发展道路，找到最佳职业理想和目标。

（三）专业对口并不绝对，个人成长与锻炼的机会平台更重要

退役军人通过职业技能培训学习了某种专业知识，想去专业对口的岗位工作，是可以理解的。培训机构也往往会选择专业对口的岗位推荐给退役军人。但是，万事万物都是发展变化的。纵观每个人的就业经历，有许多人的岗位会随着工作的需要不断调整，到头来做得最好的并非自己一开始选择的岗位。面对就业市场，退役军人可以调整一下就业思路，即先就业后择业，把握好第一个就业机会，先找工作，积累经验，通过工作后的实践不断提高自身能力，逐步找到自己理想的岗位。其中，很重要的一步是学会从基层做起，熟悉整个工作流程。取得基层工作经验对日后的发展更有帮助。

（四）坚守自己的原则，充分准备，以便更好地抓住机遇

人生的成功，可以用一个简单的公式来表示：成功 = 才能 + 机遇 + 勤奋。对退役军人来说，在部队的经历是一种学习，退役后的培训也是一种学习。用人单位大多喜欢招聘品行端正、知识面广、技能强、肯吃苦、谦虚好学、尊重他人、遵守纪律的退役军人。具备这些素质条件，就容易抓住机遇，从而顺利就业。

（五）多渠道捕捉就业信息

有了目标之后，退役军人就要广泛收集相应的就业信息。其渠道有很多，如正规招聘平台、网络媒体、新闻报刊、广播电视，以及职业中介机构、劳动力和人才交流市场等。此外，还可以依托亲戚、朋友、同学、战友等多渠道获取职业信息，为自己拓宽就业之路奠定基础。

（六）认真全面地分析对比，寻求适合自己的岗（职）位

从就业信息中选择自己的理想岗（职）位，然后按照该单位的招聘（工）要求，与自己现有的能力条件做比较，认真分析自己能否胜任该岗（职）位。与此同时，还要从网络媒体或通过电话咨询等方式了解该单位的一些基本情况，如单位的性质、从事行业、工作方法和企业文化、价值观、经济效益、工资待遇等，做到“知己知彼，百战不殆”，更准确地锁定符合自己目标且力所能及的岗（职）位。如果仅是“年龄、学历、身体状况”等条件不符合招聘（工）要求，但这些条件又不影响自己胜任某项工作的，也可锁定相应岗（职）位。一般至少要锁定 2 个岗（职）位、3 个单位。

★图 6-2　甘肃省人力资源市场结合退役军人和家属的专长特点、兴趣爱好、就业趋向，以“优中选优、人岗相适”为原则，挑选一批发展前景好、规模大、用工人数多、经济效益好的企事业单位带着优质岗位和前来参会的退役军人及家属面对面洽谈（图片来源：中新网）

第二节　求职竞聘技巧

在确定目标单位和具体竞聘岗位之后，要主动了解目标单位的核心价值观、企业文化、业务模式和产品、服务等，准备好竞聘岗位所需的专业知识，快速分析目标单位对自己能力的考查点。可以通过浏览目标单位的官方网站、社交媒体页面和新闻稿，以获取有关信息，同时还需要详细阅读竞聘岗位的描述和要求，理解目标单位看重的要素。

需要注意，求职前了解目标单位看重的要素非常重要，但一定要实事求

是，真实评估自己是否符合目标单位的需求，通过有针对性的准备，更好地展示自己的能力和价值，不要哗众取宠，真诚更重要。通过研究目标单位和竞聘岗位的信息，在撰写个性化简历和求职信时，可以突出过去的工作经验、项目成果和技能，重点放在与所申请岗位有关的内容上，以此证明自己能够为应聘单位带来价值。在与单位联系之前，可预先准备一些可能被问到的问题，然后调整好自己的状态，展示出积极的态度。

一、求职者要素

为了解求职者与其应聘岗位是否契合，用人单位在对求职者进行选拔时，比较倾向于考查求职者以下 8 个方面的素质。

（一）理解、沟通和表达能力

指运用适当的语言（包括身体语言）清晰地表达自己意见的能力。面对用人单位提出的问题，能够较好地开展对话，条理清晰、完整准确地组织语言，把自己的想法准确、连贯地表达出来。

（二）工作态度和责任心

能树立远大的目标，主动选定较高的工作标准。并且不依赖指示，能积极和自发地采取行动，以达到目标或超越单位的预期。

（三）分析问题的能力

会考虑所有要素，能权衡利弊得失，有需要时及时知会他人，能坚持采取最有利的行动。

（四）行动和实践能力

看求职者对“接手问题”的处理是否迅速、得体，对突发问题的处理是否果决，是否可以通过有效合理的解决问题的思路落实具体行动，并且取得一定的成效。通常需要量化的业绩来进行证明。

（五）求职动机

即求职者为何要来用人单位工作，为什么要选择这个岗位，对什么样的工作感兴趣，在工作中有什么样的追求，以及求职的意愿是否强烈。

（六）价值观

要看个人的人生观、世界观、价值观和单位的组织文化价值观是否匹配。

（七）形象气质

重点观察求职者的体型、外貌、气色、衣着、举止、精神状态等是否与职位要求、单位风格一致。如果应聘国家公务员、教师等，对形象气质的要求就比较高，和相关人员对谈交流时，需要注意穿着得当，表现出合适的行为举止，以便在对方心中留下良好印象，获得对方的注意及尊重。

（八）自我控制能力、情绪管理能力

求职者面对压力面试或者批评否定时能较好地自我控制、保持理智、管理好自己情绪的能力。

★图 6-3　贵州省黔南布依族苗族自治州瓮安县举办 2024 年退役军人春季专场招聘会，为退役军人提供管理、财务、普工、驾驶员、安保、销售等就业岗位。招聘会现场，退役军人认真查看招聘简章，与企业代表积极交流，详细了解岗位信息，企业代表对企业文化、岗位职责、薪资福利等进行了详细讲解（图片来源：人民网）

求职者在参加面试时，要做到两点：第一，根据自己对目标单位、行业等的认知，事先了解和掌握所应聘岗位需要的专业知识；第二，快速地分析用人单位对自己能力的考查点，面对可能的专业问题问答环节，切不可敷衍或不懂装懂。能力素质方面，利用以往积累的经验并结合自己的语言习惯，根据岗位特征进行回答。

二、求职简历

简历的形式就是求职者的外表，简历的内容就是求职者的思维。如何让 HR（Human Resources，人力资源，多指企业中的人事部门）对自己印象深刻，不单靠举止形象，还要靠形式独特、内容有竞争力的简历。

（一）简历的主要内容和信息

基本内容：姓名、性别、民族、年龄、身高、学历、政治面貌、工作年限、户口所在地、联系方式（电话、邮箱、通信地址等），同时在简历右上角附上免冠近照。

工作经历：描述自己的入伍时间至退伍时间，以及在此期间的表现、受表彰奖励情况（如三等功一次、优秀士兵两次、优等士兵一次）等。

教育（培训）经历：入伍前的毕业学校、所学专业，入伍后的所学专业、技能学习情况，以及退伍后的职业技能培训等级等；用从近期到远期的倒叙方式描述。

个人特长：如射击、计算机、外语、驾驶等。

社会实践：在部队参加拥政爱民活动、参与救灾抢险的经历，以及出国维和行动等。

期望从事的职业：主要包括项目名称、项目描述、责任描述、期望月薪等。

一段简短的自我综合描述：我是一名退役军人，××年的军旅生涯锻造了我坚强的毅力和绝对的服从意识。在服役期间，我的表现多次被领导肯定，也取得了很多荣誉。多次被师团评为优秀士兵，多次受到嘉奖。能吃苦耐劳、服从上级的管理，得到战友和上级的好评。退役后，我虚心好学，充分利用各种时间和条件来学习新的知识，提高自己的职业技能，以适应新的岗位需要……

（二）撰写简历的一般注意事项

1. 求职意向

求职意向是简历的核心内容，简历的其他内容都是围绕求职意向展开来写的。通常一份简历只写一个求职意向，这样简历看起来会更加有针对性。

2. 工作经历

工作经历主要是指退役军人在部队工作的情况，包括时间、职位及工作内容等。如果入伍前的工作对应聘岗位有帮助，也可在简历中适当体现。

3. 专业技能

专业技能是指在某个行业或专业所拥有的技能。这一部分内容尽可能以职称及技能证书的方式体现，包括入伍前及入伍后获得的职称与取得时间等。

4．自我评价

自我评价属于对本人情况的客观介绍。用简练的语言描述自己的主要优势，以及对所应聘职位的理解即可。这一部分内容应注意体现个人优势与应聘职位的匹配性。

5．内容真实可靠

退役军人撰写简历时，务必要按照自己的实际情况撰写，做到真实地反映本人的学历、经历、技能和成绩。客观地记录和描述自己会让阅读简历的人感受到求职者的诚实可靠，从而对其产生信任感。反之，求职者会因此而失去求职机会。简历制作也要遵循部队制度要求，不涉及军队机密。

6．语言简练准确

个人简历是退役军人的素质、学习、生活及工作经历的简短概括，应该使用精练的语言，简洁清晰地把自己的亮点展现给招聘者。尽量避免冗长啰唆。同时，文字用语要准确，切不可有病句、错别字和漏字。

7．信息呈现要有针对性

撰写简历前，要先了解用人单位招聘岗位的具体要求，然后针对其要求进行设计，写出自己的个性，千万不要照抄他人的简历。要有的放矢地写，使用人单位对简历内容一目了然。撰写所获得的奖励、特殊技能等时，应尽可能突出其与所应聘岗位的相关性。

8．推介自我，扬长避短

如果没有太高的学历，而用人单位又把学历放在相对重要的位置，在这种情况下，一方面，不要因为学历问题束缚了自己的手脚，因为尽管许多单位要求大专或本科以上学历，但这种要求并不一定是针对退役军人的，遇此情况不要轻易打退堂鼓；另一方面，要扬长避短，突出强调本人的技能和专长。例如，某部士官小张，高中文化程度，他在写简历时，既如实填写了自己的最高学历是高中，又重点介绍了自己在部队参加的各类机械修理培训，以及在维修装备方面的实践经验，并把部队颁发的维修标兵证书复印件也附在了简历后面，最终被一家机械制造公司破格录用。

9. 要恰当使用个性化口号

一些求职者喜欢在简历的封面和个人介绍中引用或自创一些口号，或许想用以表达个人的价值观、事业观和行为准则。但是，这在中高级职务的招聘中是个忌讳，尤其是外资企业，人力资源部门在初审时往往会认为这类人员资历尚浅且过于情绪化，难以融入团队。因此，简历中应尽量少使用标语口号，以较为理性、客观的言语描述自己的特点与长处即可。

10. 要附上合适的照片

照片往往比文字更能直观地体现一个人的精神面貌。简历上的照片最好是专业的，一张好照片能让人力资源部门的人员产生好的联想。简历上的文字是理性的，照片却是感性的，二者相得益彰。

11. 排版设计要美观、简单、大方

一般来说，简历不必做得太花哨，用质量好的 A4 纸张打印即可。如果认为有些文字需要特别引起注意，可在这些文字下加“着重号”或加粗字体以示提醒。

三、求职信

求职信是退役军人向用人单位介绍自己情况以求录用的专用性文书，主要起到自荐的作用。通常包括简短的自我介绍、简述写求职信的理由和表达对用人单位的兴趣。一封优秀的求职信可以拉近求职者与用人单位之间的距离，使求职者获得更多的面试机会。因此，求职信的质量至关重要。

（一）要考虑的 5 个问题

1. 用人单位需要的人才要具备什么技能和知识？
2. 你的目标岗位是什么？
3. 你的哪些自身优势与目标岗位相匹配？
4. 你的工作经历和实践经验与目标岗位的关联度如何？
5. 你能够为用人单位创造什么价值或提供什么服务？

（二）求职信的四大部分内容

求职信的四大部分内容为标题、称呼、正文、结尾。

（三）写求职信的注意事项

1. 态度要诚恳，措辞应得当，用语自信而不自大，谦逊而不谄媚。

2. 材料组织要从用人单位的角度出发，根据用人单位的岗位要求，有针对性地提供本人的背景资料，表现出自己与这个岗位的关联性，促使用人单位作出进一步面试的安排。

3. 可以借助求职信谈谈自己对用人单位或行业的前景展望、市场分析及建设性意见等，使用人单位感到自己的用心和诚意。

4. 文字要精练，有话则说，无话则免。如果本人能写一手好字，应尽量手写求职信。俗话说“字如其人”，一封字迹工整漂亮的求职信往往能反映出一个人的品质修养与办事思路，很容易引起用人单位的关注。

延伸阅读

求职信范例

尊敬的 ××× 公司 / 领导：

您好！

我叫 ×××，曾是 ×× 大学 ××× 专业的学生，同时有在 ××× 部队服役的经历。

在大学学习期间，我在牢固掌握理论知识的基础上，注重参加小组课题研究，培养自己的沟通能力，学习态度认真，勤奋刻苦，取得了优异的成绩。在社会实践方面，我担任过学生干部，有较强的组织协调能力。在部队服役期间，我参与过组织、宣传、日常管理工作，特点是善于思考，有很强的责任心和全局意识，适宜团队协作，同时有一定的宣传文书经验。

我爱好读书，性格开朗，待人诚恳，注重把个人的能力提升和集体合作共赢相结合，具有良好的人际交往能力。

如您在审阅我的简历后，认为我符合贵单位的招聘标准，恳请您在百忙之中回函或是给我面试的机会，如蒙录用，我将和未来的同事精诚合作，为贵单位的发展作出贡献。

此致，

敬礼！

求职人：×××

××年××月××日

四、投递简历

（一）简历投递的渠道

常用招聘途径有退役军人事务部门组织的专场招聘会、各大网络招聘平台、专业招聘机构、熟人及朋友推荐等。每一种途径都有其特点，求职者投递简历时可根据实际情况进行选择。

1. 退役军人事务部门、人力资源社会保障部门组织的专场招聘会

专场招聘会是政府有关部门专门为退役军人组织的招聘会，优点是参与单位大都是国有企业和民营企业中效益较好、信誉度高、有前景的企业。有些企业专门为拥军而来，为安置退役军人、尽社会责任而来。许多招聘单位对退役军人照顾有加，招聘形式大都是与求职者进行面对面的沟通，双方可以获得直观的感受。不足之处是有的岗位工作地点在外地；有的工种是流水线，比较单调；招聘会上可选择的工种、岗位有限，职位数量不多等。

2. 网络招聘平台或单位官网

网络招聘因具有方便、快捷及成本低等优点，目前已成为单位招聘的主要渠道。网络招聘渠道分为综合类招聘网站、专业招聘网站及专业机构招聘网站等。综合类招聘网站涉及的职位及行业比较全面，但招聘岗位比较宽泛。目前，比较知名的综合类招聘网站有前程无忧（www.51job.com）、智联招聘（www.zhaopin.com）及国家大学生就业服务平台（www.ncss.cn）等。专业招聘网站只针对某一个行业进行招聘，如中国工控网（www.gongkong.com）、电力人才网（www.soxyc.com）等。专业机构招聘网站是指专业进行就业指导、

测评服务、职业规划、心理咨询等的各类人力资源服务机构网站。该类网站往往会与一些单位有较好的合作关系，招聘命中率相对比较高。特别值得一提的是，大部分单位的网络主页上均会发布正规的人才招聘需求联系邮箱，通过此邮箱投递简历也是非常重要的一种求职方式。

★图 6-4 以“戎归再启航，职通京津冀”为主题的首届京津冀退役军人就业招聘暨跨区域企业合作签约活动在天津市举办。京津冀三地 12 家军创企业代表围绕创业孵化、设备制造、生态环保、生活服务、国防教育等进行了合作签约（图片来源：人民网）

3．专业机构招聘

目前，专业机构主要有猎头公司和就业指导服务公司。猎头公司采用定向招聘方式，招聘成功率高，但招聘成功后会收取一定的佣金，因而招聘成本较高，用人单位针对高端职位招聘时会依托这种机构。就业指导服务公司不仅会提供就业机会，还会提供简历指导、职业规划、测评服务、心理咨询等就业指导服务，因此，受到一些用人单位及求职者的欢迎。

4．内部员工推荐

现在，一些单位的人才招聘实施并鼓励内部推荐，有的单位还为此专门设立奖项，用来奖励那些成功为单位推荐员工的人员。推荐者与求职者往往比较熟悉，对其品行比较了解，而求职者也会从推荐者那里提前了解单位的一些情况。求职者一旦入职，会缩短与单位的磨合期，很快进入岗位角色。

（二）提高网上投递简历回复率的技巧

不少求职者在求职过程中都曾遇到过这种问题：发了数十份简历却没有回音。为提高求职的命中率，在网上投递简历时应掌握一些技巧。

1．把握好求职信的篇幅

求职信最忌讳篇幅过长以及与简历内容重复。求职信的篇幅以两三百字为宜，主要表达自己对于所申请职位的见解以及针对这个职位具备的优势等。

2. 经常刷新简历

当招聘人员搜索简历时，符合条件的简历是按刷新的时间顺序排列的。很多求职者并不知道刷新简历可以获得更多的求职机会。因此，每次登录网站后，最好刷新简历，这样自己的简历就能排在前面，更容易被招聘人员看到。

3. 切忌投寄同一个公司的多个职位

投寄简历的时候，切忌一口气投寄同一个公司的多个职位，特别是一些彼此不相关的职位。比如，同时应聘“技术部经理”和“销售部经理”。这样只能说明求职者对自己的定位不明晰，自然也难以得到单位的青睐。

4. 注意简历的投递格式

通过各种求职网站投寄简历，一定要严格按照网站上要求的格式输入邮件标题，比如“姓名 + 应聘岗位 + 信息来源”，否则会被一些单位的内部邮件系统自动归类到“垃圾邮件”中。求职者如果在某网站已制作了最新的简历，那么不妨通过该网站发送简历，这样做的好处是招聘人员能及时收到求职者的简历，而不会将其当作“垃圾邮件”删除，并且对求职者应聘的职位一目了然。

5. 尽量使用私人邮箱

私人邮箱为招聘人员的个人邮箱，求职者在给用人单位发送简历时，如果能获取私人邮箱，就一定要使用私人邮箱。公共邮箱由于信息公开，每天接收的简历数量庞大，招聘人员很难逐一审阅。

第三节　应聘中要注意的问题

在应聘过程中，求职者需要掌握一些相关的法律知识，以维护合法的就业权益。比如了解最低工资标准，根据自己的经验技能等合理确定薪资范围，在与应聘单位讨论薪资时，要遵循公平透明的原则，避免进行非法的协商。面对面试官提出的问题时，要留意其是否合法合规，注意个人尊严及隐私的保护。通常，求职者在获得工作机会时，需要签署一份聘用合同。求职者需要仔细阅读合同的具体条款，特别是薪资、工作职责、福利待遇和解除合同等方面的规定，如有任何概念不清晰的地方或是容易产生歧义的描述，建议及时咨询专业、权威、可信人员的法律意见，确保聘用合同完全符合相关法律要求。同时，尽可能多地阅读和理解劳动法的相关规定，在求职过程中时刻保护好自己的合法权益。

一、订立劳动合同时应注意的事项

劳动合同是劳动者与用工单位之间确立劳动关系、明确双方权利和义务的协议。劳动法规定劳动合同应当以书面形式订立，订立劳动合同应一式两份，用人单位与劳动者各保存一份。退役军人与用人单位订立劳动合同时要注意劳动合同的有效条款。

（一）一份有效的劳动合同必须具备的条款

1. 劳动合同期限。
2. 工作内容。
3. 劳动保护和劳动条件。
4. 劳动报酬。
5. 劳动纪律。
6. 劳动合同终止的条件。
7. 违反劳动合同的责任。

（二）与用人单位签订劳动合同时，特别要注意的事项

1. 劳动合同必须在平等自愿、协商一致和不违反法律法规的前提下签订。

2. 合同内容应当完整清楚，包括合同期限、工作内容、劳动保护和劳动条件、工资标准、劳动纪律、劳动合同终止条件、违反劳动合同的责任等必须约定的条款，不签订空白劳动合同。

3. 对于双方协商约定的条款，如试用期、违约金、培训费用的支付与赔偿、保守商业秘密、竞业限制、更换工作岗位、调整工资待遇等内容，应考虑成熟，在自己能接受的情况下签订。

二、试用期及员工福利

《中华人民共和国劳动合同法》第十九条规定："劳动合同期限三个月以上不满一年的，试用期不得超过一个月；劳动合同期限一年以上不满三年的，试用期不得超过二个月；三年以上固定期限和无固定期限的劳动合同，试用期不得超过六个月。"该条款可以作为签订劳动合同的参考依据。

★图 6-5　甘肃省兰州市退役军人事务局、兰州市人力资源和社会保障局等联合主办"兰州市退役军人暨现役军人家属现场招聘会"。招聘会现场设立政策咨询、法律咨询、就业指导等功能专区，帮助退役军人充分了解掌握当前就业形势和招聘会的参会方法、活动要求等相关信息。其中，设置法律咨询服务台的目的是宣传《中华人民共和国退役军人保障法》，邀请律师现场解答劳动关系、劳动纠纷等问题（图片来源：中新网）

以完成一定工作任务为期限的劳动合同或者劳动合同期限不满三个月的，不得约定试用期；试用期应包含在劳动合同期限内；劳动合同仅仅约定试用期的，试用期不成立，该期限应为劳动合同期限。

员工福利分为两类：一类是法定福利，如社会保险、带薪年休假；另一类是非法定福利，如奖励旅游、节日补贴。

单位必须给予的法定福利是社会保险、带薪年休假、最低工资标准、同工同酬险等。社会保险是重要的法定福利，即便在试用期内也必须缴纳。

非法定福利的依据来自单位的规章制度，或者与劳动者签订的劳动合同。这些书面文件中如果有明确规定，没有排除试用期员工，则单位应当将这些福利一视同仁地给予试用期内的员工。

延伸阅读

典型案例一

胡某是一位省军区单位退役的大学生士兵，在学校时所学专业为计算机及应用，是社会热门需求专业，但因为学校一般，没有较强的竞争力，所以一毕业便选择到部队发展，后在部队担任过文书、通信员、宣传员、副班长等职务。胡某从还是一名大学生开始，就认真了解就业政策和就业形势，客观审视自己有什么特长和优势、自己最喜欢干什么、什么工作最适合自己的发展并体能现个人才能和价值。通过客观认识自己，他对今后从事专业对口的工作没有太大兴趣，反而在大学校园内的社会实践活动，以及在部队从事宣传工作的经历，使他发现自己在宣传和新闻采编方面的才能和特长，并从中得到了一定的认可和成就感。因而他希望到报社从事新闻或编辑工作。

但是转念一想，自己毕竟不能和新闻、中文专业的毕业生们相比，那么，胡某要如何发挥自己的优势呢？

【讨论】

你认为胡某应该如何进行职业选择？

典型案例二

退役军人江某在火热的招聘季期间投递简历多次无果，随后便通过网络联系到一家信息公司。到面试的时候，他发现这家公司的规模很小，只有几名刚被录用的大学生，工作内容是为股民提供所谓的“内部信息”。江某感觉这家公司可能有问题，就没有应聘。

退役军人小陈，平日里喜欢看短视频、浏览小红书网站，经常通过互联网获取信息。有一天，他打算在网上求职，没想到很快就找到了中意的岗位，通过电话联系对方时却被告知已经招满了。后来，他通过一篇公众号上的广告链接，在一个不知名的招聘网站上留下了自己的求职信息，过了几天，有一家公司和他联系，邀请他进行电话面试。面试过后没几天，他就被通知录取了。

但因为没有办理人事手续，没有签署劳动合同，小陈觉得不对劲，于是在网站上查询该公司的信息，经核实发现该公司没有进行过登记，这场招聘很可能是个骗局，小陈这才知道自己险些上当，也耽误了不少时间。

【讨论】

从江某、小陈的亲身经历总结网上求职应该注意的事项。

第七章 退役军人参加笔试面试的方法

退役军人参加笔试和面试对于自身的职业发展至关重要。用人单位通过简历初筛、综合素质能力评估、专业笔试、面试等流程选拔出优秀的人才；退役军人在笔试和面试中能否展现出能力和潜力，是获得理想就业机会的关键所在。

第一节 参加笔试的方法与技巧

笔试是一种与面试对应的测试，是用人单位以书面回答问题的方式考核应聘者学识水平的重要手段，可以有效地测试应聘者在基本知识、专业知识、管理知识、综合分析能力和文字表达能力等方面的差异。

一、常见的笔试类型

（一）专业能力测试

专业能力测试是针对某项专业能力的检测考试，常见于各行业的入职或升迁。不同行业的专业能力测试标准有所差异，考试科目也不同。该测试有助于综合分析考生的知识水平、实际操作能力、职业道德等，有助于管理者全面了解考生的能力水平，以确定适合考生的岗位和职业发展计划。

（二）心理测试

即通过一系列手段，将应试者的心理特征数量化，用以衡量个体心理因素水平和个体心理差异。绝大多数情况下，该测试以符合信效度的问卷形式开展，人格测试表就是典型的例子，即通过一系列问题来分析受测者具备怎样的人格。心理测试减少了无关因素对测试目的的影响，心理测验结果将受测者的分数与参照群体的分数进行比较，来确定分数的意义，由此使检测结果更加可靠、精准、有迹可循，获得的资料也便于直观交流。

（三）命题写作

要求应试者根据相关给定题目进行写作，命题通常只规定作品的内容范围，并不限制作品的形式和情节处理，即考官向应试者抛出题目并明确中心点，要求应试者规划、创造，努力向中心对齐。针对此类考试，应试者需要具备良好的发散性思维，同时需要在日常的生活琐事中细心观察、勤于思考。

（四）综合能力测试

该测试与专业能力测试有部分内容重合。综合能力侧重于考查个人综合素质，细分来说即个人品行、社交、敏感度三要素，包括专业能力和综合素质两大类。专业能力是综合能力的一大分支，所以，综合能力测试的考查范围更广，从个人的三观出发，或者从应试者的为人处世方面来看，多角度、多方向、多思维考查应试者对问题的处理能力，因此该类测试深受各大企业的青睐。

（五）智商测试

即科学测试行为，俗称“IQ 测试”。然而，该测试并非单纯考查应试者的智商，其主要目的是了解应试者的观察能力、记忆能力、想象能力和思维能力，通过工具对应试者进行测试。IQ 指数越高，说明其适应能力、理解能力、学习能力较强，能尽快适应社会的生存环境。

二、笔试的方法与技巧

笔试是招聘的一个重要环节。为了在笔试中取得成功，退役军人可以采取以下方法和技巧。首先，提前准备，了解笔试的内容范围和形式并进行有针对性的复习与准备。其次，合理管理时间，根据题目难易程度分配答题时间，确保每道题都有足够的作答时间。最后，仔细阅读题目，理解题意，注意细节信息，并用逻辑清晰、简洁明了的语言回答问题。此外，划重点、多练习，进行模拟笔试，以提高解题速度和准确度。最重要的是保持自信和冷静，在笔试过程中展现自己的优势。通过这些方法和技巧，退役军人可以在笔试中取得更好的成绩。在平时准备的过程中，要把握好以下几点。

（一）端正态度，明确目标

只有端正态度，专心致志地完成一件事，才能变得更有效率。态度端正能够促使自己突破自我，在寻求新知识的过程中，变被动接受为主动适应。颜真卿曾说："黑发不知勤学早，白首方悔读书迟。"年轻时不好好努力，待到年老时才后悔，正是当初学习态度不端正，才导致学习效率低下。倘若没有一个明确的目标，未来就没有希望。

（二）敏而好学，不耻下问

笔试成功的一大标志是针对所测试的内容，应试者能够高效率、高质量地完成。所以，提前准备，提前规划，对考试极有帮助。敏而好学、不耻下问就是最快最便捷的方式。向领导、向前辈询问专业知识；向同行咨询问题，就会有丰硕的收获。

（三）沉着冷静，理性思考

在平时的学习中，不仅要积累知识，更要勤于思考，用心沉淀，形成清晰的思路，这样在参加笔试的时候，才能做到下笔如有神。所以，平时就要养成静以修身的习惯，静下心来，沉淀自己。用自己的毅力、耐力培养信心，使自己拥有稳定的心态，在笔试中考出好成绩。

第二节 参加面试的方法与技巧

面试是通过面谈或线上交流（视频、电话）的形式来考查一个人的工作能力与综合素质，是组织者精心策划的一种招聘活动。用人单位通过面试可以初步判断应聘者是否可以融入自己的团队，面试一般会和笔试相配合，一同考查应试者的综合水平。但两者还是有较大差别的。

一、面试的种类与内容

（一）单独面试

用人单位各部门负责人对退役军人的面试一般分为三种，顺序如下。

1. 人事部门。人事部门的面试难度不大，其主要负责处理简历、筛选基本人选、大概了解面试者情况，只要面试者的学历、专业符合基本条件，都比较容易通过。后面的面试就会交由业务部门的负责人来组织。

2. 相关部门领导。通过人事部门筛查后，考官一般为相关部门的直属负责人、直属上司。要注意语言得体、举止端庄。面试有一定难度，平时需多加练习。

3. 单位负责人。通过单位负责人的面试并不困难，其主要观察面试者的能力，面试之前要准备一些容易回答的问题。面试中要把握以下几点。

（1）听，就是负责人会向面试者介绍单位情况，与其畅谈人生理想、未来规划，面试时只需认真倾听、虚心接受即可。

（2）问，就是当负责人询问是否还有其他问题时，面试者可以准备一些容易回答的问题，比如，在您看来，我如何配合单位更长远地发展?

单独面试的优点显而易见，有利于提供面对面的机会，让双方深入交流。面试者要提前做好功课，未雨绸缪，不紧张不拘束，这便是最好的面试状态。

（二）集体面试

集体面试的双方，一方是由多个人组成的考官组；另一方是众多面试者。考官组一般以提问对话的方式对面试者的自身能力和交流应变能力等进行考查，进而比较优劣。由于各个考官的专业领域不同，他们负责提问的范围也不尽相同。集体面试更考验面试者的综合能力以及考场应变能力。面对此种考试，面试者一定要积极发言、提出意见，争取有优秀的表现。

（三）压力性面试

压力面试是指考官有意制造紧张气氛，以了解面试者将如何面对工作压力。考官通过提出生硬的、不礼貌的问题故意使面试者感到不舒服，其会针对某一事项或问题进行一连串的发问，直至面试者无法回答。其目的是确定面试者对压力的承受能力、在压力前的应变能力。如果某项工作要求具备应对高强度压力的能力，压力测试就是很重要的考核项目。这种面试方式特别适用于招聘高级管理人员。一般来说，压力测试有以下 3 种情况。

1．激将法：用激将法来挑衅面试者。这是考官最常用的手段。面试时，考官通常用质疑、刻薄、咄咄逼人的语言，从面试者最薄弱的地方入手，往往是哪壶不开提哪壶，使面试者处于一种尴尬的境地，再加上考官不友好的态度和锐利的眼神，经常会使面试者倍感紧张和不安。

2．诱导法：考官提供特定的选择，诱导对方作出错误的回答，或任何一种回答都不能让考官满意。考官甚至还会提出有误导性的问题，若面试者为了迎合考官而选择明显错误的答案，结果只能被归入无主见、缺乏创新精神之列。

3．测试法：特点是虚构一种情况并发问，让面试者立刻作出回答。正面回答或者面面俱到地回答反而不是明智之举，假如面试者机智地绕开问题，从侧面或大众容易忽略的方面回答，也许能够取得较好的效果。

（四）非结构化面试

不遵循事先安排好的规则和框架，考官与面试者随意讨论各种话题，或针对面试者的实际情况提出不同问题。该测试的优点是过程自然，考官能全面了解面试者情况，面试者也更放松，易于敞开心扉。缺点在于结构化和标准化程度低，面试者之间的可比性不强，影响面试的信度和效度。这种面试方法给谈话双方以充分的自由，考官针对面试者的特点进行有区别的提问，不同面试者所回答的问题可能不同。不同工作岗位，其工作性质、职责范围、任职资格条件等都有巨大差异，面试内容也因面试者的经历、背景等情况的不同而无法固定。非结构化面试的优点是过程自然，考官能全面了解面试者情况，面试者也更放松，易于敞开心扉。缺点在于结构化和标准化程度低，面试者之间的可比性不强，影响面试的信度和效度。

（五）结构化面试

结构化面试是指根据特定职位的特征要求，遵循固定的程序，采用专门的题库、评价标准和评价方法，通过考官小组与面试者面对面的言语交流等方式，评价面试者是否符合招聘岗位要求的人才测评方法。该面试由于拥有一套固定的细则，因此相对公平，从而能提供一种更加客观的评价标准。

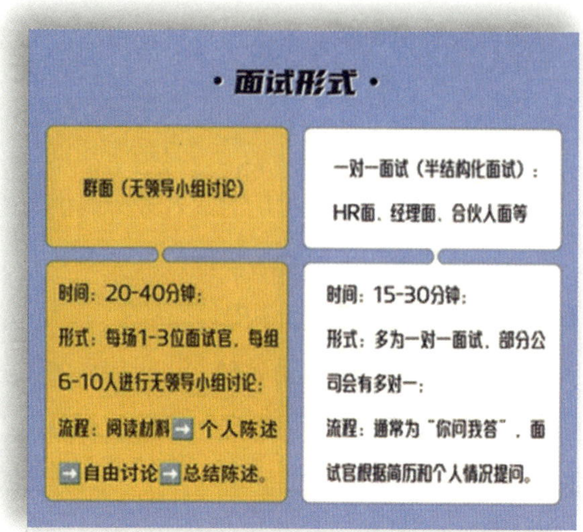

★图 7-1　如图所示，面试形式主要包括群面（无领导小组讨论）和一对一面试（半结构化面试）（图片来源："中国退役军人"微信公众号）

二、面试前的准备

（一）积极主动，了解规则

面试者首先需要了解所应聘岗位的职责是什么，自己是否完全符合面试要求。面试者应当根据不同岗位的特点，对相关信息进行认真解读，做到万无一失，未雨绸缪。

（二）自我暗示，保持自信

自信，就是自我相信、自我确信。倘若连自己都无法相信自己，就很难使别人相信自己。正确看待自己的优势、劣势，琢磨一下面试时可能出现关于劣势问题的情境，做好适当的规避方案。面对考官时，要保持自信的态度，不断自我暗示，避免紧张慌乱的心理，这样能给考官留下清爽、开朗、活跃的印象。

（三）着装得体，认真对待

着装关系自己的形象。人与人之间的沟通所产生的影响力和信任度，来自语言、语调、形象、行为几个方面。以下是面试时标准的穿着要求。

1. 深色系的服装：深色给人一种沉稳踏实的感觉，但也要避免一身黑的搭配，否则会让人觉得老气横秋，缺乏朝气。女性可以在服饰上搭配一些小饰品，增加亮眼的效果。

2. 合身的西装：这是面试着装的最佳选择，既不会显得太老成，也不会过于花哨。女性可以搭配一些小饰品，在细节之处体现个性。

3. 套装：这是面试着装最为方便的选择，可以给考官职业化的感觉。但是也可能会因为是多数人的着装选择而显得没有特色。

4. 衬衫：一件好的衬衫可以凸显自己的品位，也是面试着装的百搭单品。

（四）尊重考官，保持良好心态

美国诗人惠特曼说过：“对人不尊敬，首先就是对自己的不尊敬。”面试者无论遇到多么棘手的情况，都要保持良好心态，千万不能失态。对考官要尊重，不能出现任何不良言行。

三、面试的礼仪与技巧

面试礼仪有可能是求职成功的临门一脚。面试者在面试时不仅要注意自己的外表及谈吐，而且要注意不能做出下意识的小动作和姿态。下面将从多个角度解析面试礼仪。

（一）礼貌对待

礼貌在整个面试过程中尤为重要。参加面试，首先要尊重考官，向考官表达感谢，体现面试者的谦逊态度，塑造良好的形象。如果因为自己的原因，致使面试过程中出现没有意料到的尴尬局面，在面试结束后一定要向考官表达歉意。

（二）及时到场

提前 10 分钟左右到达约定的面试地点，以表示求职的诚意，提前半小时以上到场会被视为过度紧张，但在面试时迟到或匆忙赶到是非常不可取的。如果面试迟到，不管面试者有什么理由，都会被视为缺乏自我管理和约束能力，即缺乏职业能力，会给考官留下十分不好的印象，甚至会被取消面试资格。当然，如果用人单位事先通知了许多人来面试，那么早到者可提前面试或在空闲的会议室等候。如果面试地点比较远，地理位置也比较复杂，不妨先跑一趟，熟悉交通线路、地形，以免仓促上阵，手忙脚乱。

（三）态度诚恳

无论是何种类型的面试，对待考官的态度都要诚恳。在整个面试过程中，要保持举止文雅大方、谈吐谦虚谨慎、态度积极热情。诚恳的态度往往给人一种成熟稳重的印象，受到用人单位的欢迎。

（四）言行优雅

优雅的言行是一个人内在素养的体现。面对考官，保持优雅的言行也是一大加分项。

1. 口齿清晰，语言流利。交谈时要注意发音准确、吐字清晰，控制说话的速度。为了增添语言的魅力，可以使用修辞，忌用口头禅，更不能使用不文明的语言。

2. 语气平和，语调恰当。面试时要注意语言、语调的正确运用。如自我介绍时，最好多用平缓的陈述语气。音量的大小要根据面试的现场情况而定。两人面谈且距离较近时，声音不宜过大；群体面试且场地开阔时，声音不宜过小，以每个考官都能听清自己的声音为原则。

3. 语言含蓄、幽默。除了表达清晰，适当的时候可以用幽默的语言，为谈话增加轻松愉快的气氛，从而展示出自己的优雅气质和从容风度。

四、回答面试问题的技巧

（一）把握重点，条理清楚

回答问题时，时间不宜过短，否则会显得思考不够深入；也不能过长，避免繁复冗杂。面试时间有限，厘清考官所问的中心思想，围绕中心思想叙述和论证，简单明了，有理有据。

1. 要素性质分类法：

（1）空间归纳法：从内部与外部、国内与国际两个角度进行归纳。

（2）时间归纳法：按问题的产生与处理的时间顺序进行归纳。

2．主体分类法：主观思想上是否重视或态度与立场是否端正；外部机制是否完善；还有其他外在制约因素，如自然条件、历史文化、国际背景等因素。

3．层次分类法：对于概括与分析影响类题目，可以从影响的性质，即从积极的影响与消极的影响两个角度进行整理归纳；也可以从影响存在的层次范围，即从宏观的国家与社会层面、中观的行业与组织层面、微观的个体层面进行分类归纳。

（二）讲清原委，避免抽象

面试官可能会提出一些有关面试者具体情况的问题，面试者不能仅仅以“是”或“否”来回答，应当判断考官所提出的问题，必要时应解释原因，千万不能认为这是一件丢人或者尴尬的事。

（三）确认提问内容，切忌答非所问

面试中难免会遇到未听清楚或不太理解考官意思的情况，这时可以请考官重复一遍，避免答非所问。

五、面试时消除紧张的技巧

（一）了解详情，知己知彼

事先对用人单位进行深入调查也许会有意外的发现，从而决定自己是否真的想要入职和是否有条件、有机会被选择。

（二）准备问题

面试之前，要认真思考：考官会怎么提问？我应该注意什么？我该怎么回答这些问题？这些问题不断在脑海中闪现，进而形成一定的答案，有助于面试取得较好的成绩。

考官一般会问以下 3 个问题：

第一，你为什么来到这个单位，应聘这个职位；

第二，简述这个单位的基本情况；

第三，谈一谈你对自己应聘的这个职位的理解，以及应聘成功后准备如何开展工作。

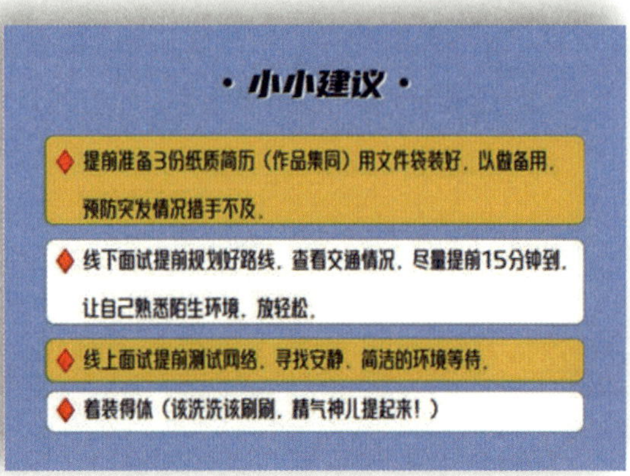

（三）保持生活规律

紧张有时和个人生活习惯有关。比如，经常出现焦虑等情绪，可能是生活不规律造成的。因此，面试者要消除紧张带来的影响，保持良好的个人习惯。要避免等待时紧张、焦虑情绪的产生，面试前也可以翻阅轻松活泼、有趣的杂志书籍。阅读书刊可以帮我们转移注意力、调整情绪，进而克服面试时的怯场心理。

·小小建议·

- 提前准备3份纸质简历（作品集同）用文件袋装好，以备备用，预防突发情况措手不及。
- 线下面试提前规划好路线，查看交通情况，尽量提前15分钟到，让自己熟悉陌生环境，放轻松。
- 线上面试提前测试网络，寻找安静、简洁的环境等待。
- 着装得体（该洗洗该刷刷，精气神儿提起来！）

★图 7-2　如图所示，面试时建议准备 3 份简历（作品集同），线上面试时要提前测试网络设备，寻找安静的面试环境（图片来源："中国退役军人"微信公众号）

（四）保持平常心

人生会经历数不尽的难关，面试仅仅是其中的一小关，要高度重视，但又不要把它当成天大的事。要从容面对，保持平常心。

六、退役军人面试时自我介绍的内容

自我介绍是指向他人展示个人基本情况，是和陌生人建立关系、打开话题的重要方式，直接关系到给他人的第一印象。因此，退役军人在面试时做好自我介绍非常重要。

（一）基本信息

具体包括姓名、家乡、毕业学校、所学专业、政治面貌、婚姻状况、从军经历、个人技能、兴趣爱好等，可以根据面试单位的类型和应聘的具体岗位，选择与其关联度比较高的信息进行介绍。

（二）个人阅历和经验

退役军人的个人经历、能力是绝大多数考官关注的重点。通过对面试者经历的考察，考官就可以判断出面试者和招聘岗位之间的匹配度。需要注意的是，在阐述工作或者实践经历的时候，应该有轻有重，对于没有太多成绩的经历要轻描淡写地说，而对于成绩突出的经历要进行详细的描述。

（三）个人的特长和优势

在众多应聘者的能力和经历都差不多的情况下，考官会通过个人特长和优势来进行筛选。在介绍个人特长与优势的时候需要注意，不仅要清晰地说出自己的特长和优势，最好还能列举出一些具体的事例来证明。

七、面试过程中要把握好 9 个“度”

（一）求职心气有“度”

在面试前要整理自己的情绪，让自己对面试过程有一个大致设想，要充满信心，同时也要对不利状况有一定的思想准备。当自己有了心理准备时，面对考官，会有坦然自若的感觉。

（二）准备工作有“度”

当收到面试的通知后，要调整好激动和紧张的心情，做好面试前全方位的准备。既要抓紧时间学习、思考，也不能过度焦虑，不能打“疲劳战”。

（三）介绍自我有“度”

在向考官介绍自己时，要充分展示自己的优势，特别是要说明自己的核心竞争力。可以适当运用一些形象的语言使自己的简历更有吸引力，但不要过于夸大自己的能力。

（四）回答问题有“度”

在面试过程中，考官往往会提出多个问题，这些问题涉及各个方面。面试者要做好心理准备，不论面对什么问题，都要保持镇定，从容应答。应该做到语速不紧不慢、表情不僵不狂、举止端正优雅。

（五）面试查询有“度”

面试结束后，用人单位一般都会及时通知面试者，但有时也会出现工作疏忽，忘记向面试者反馈。而有的面试者在面试后只会一直在家等待，甚至没有浏览用人单位的官方网站，有时就可能错过一些机会。面试结束后的一段时间内，如果没有接到任何通知，可以通过适当方式进行查询。例如，给用人单位发一封感谢信、打一个感谢电话，表明自己非常重视此次面试，表达询问面试结果的诉求。同时，也要把握好度，不要反复打听询问，干扰对方的正常工作。

（六）面试礼仪有“度”

礼仪是彰显面试者内在素养的重要元素，在面试的全过程都要彬彬有礼、温文尔雅。

（七）仪容仪态有“度”

面试者的服装要得体大方，不可过于鲜艳时尚。发型整齐，可以略微化妆，不要浓妆艳抹。举止得当，不矫揉造作。

（八）个人期望有“度”

找工作要切合实际，要想当“大将”，首先应做“小卒”。要调整好心态，认清职场形势，看到竞争的激烈性，减少不切实际的想法，给自己恰当定位。否则，就会犯水中捞月、雾里看花的错误。

（九）观察问题有“度”

对周围的环境，包括对面试官的表情、态度等要善于观察和分析判断，做到随机应变，灵活调整自己的答题思路和内容。同时，也不要反应过度，甚至胡猜乱想，避免扰乱思路，答非所问。

延伸阅读

无领导小组讨论

1. 提纲准备

根据题目要求，考生会有 5~10 分钟的阅读思考时间，面试的材料一般包含背景材料、身份任务、程序、注意事项四个部分。建议考生在讨论过程中，利用草稿纸对其他组员的观点进行记录，为后续讨论奠定基础。

2. 个人陈述

阅读材料后，面试官会要求每位考生依次进行个人陈述，需注意三个方面：外在、逻辑和内容。

外在方面：一是语言，在面试作答过程中保证语言的流畅和语调的抑扬顿挫；二是眼神，要与面试官及组员进行适当的眼神交流。

逻辑方面：个人陈述时用好逻辑词——第一、第二、第三；首先、其次、再次、最后等，厘清自己的观点顺序。

内容方面：注意陈述内容的深度和全面性，对于现象题和观点题要重点作答，平时做足积累。

3. 自由讨论

自由讨论的目的是小组内达成一致意见，并不是讨论发言越多，成绩越高，面试官一般比较重视有效发言。

破冰：在讨论中首先发言，可以带动其他人发言。有效的破冰能够使讨论正常进行，在破冰过程中可以总结其他组员的发言或者协商制定讨论规则等。

推动：加快正常的讨论进程。在讨论中可以进行阶段性总结、对意见进行补充和反驳、放弃自己的观点服从大局等。

处理突发情况：在讨论中如果出现一些突发情况，比如发生争执、有人长时间发言、有人不发言、跑题等，进行相应的处理或调整。

4. 总结陈词

讨论结束后，全组需要有一个人进行总结陈词。

推举过程：在无领导小组讨论中，组员构成一个团队，大家可以推举他人总结陈词，被选中的人的语言表达能力、临场发挥能力、逻辑性等应相对突出。

提示：相比于结构化面试，无领导小组讨论的考查面更广，难度相对较大。其注重考查考生的人际交往能力、分析能力、沟通表达能力、团队合作能力、职业素养以及时间观念、反应灵敏性等。

（资料来源：“中国退役军人”微信公众号）

八、面试时的谈薪技巧

从权利和义务的层面来说，劳动者为单位工作、完成任务，这是义务。而单位理应给劳动者一定的回报，大部分体现为薪资报酬。所以，退役军人在和用人单位谈薪资时，不应该觉得尴尬，这是劳动者应有的权利。

（一）对第一次报价慎重考虑

在谈判时，要自信沉稳，对于用人单位第一次的报价要慎重考虑，如果感到不符合自己的期望值，不要仓促答应，更不能仓促签字，可以再与用人单位沟通，也可以先退一步，表示再考虑一下，从而争取更大的议价空间。

（二）用结果代替情绪

比如，你在餐厅的某盘菜中吃出了头发丝，比起骂无辜的服务员一顿，更好的策略是找经理沟通。你在指出后厨失误的同时，还可以问对方是否能赠送饮料或者换道菜。餐厅发现你愿意给他们一个机会，为了维持自身的口碑，肯定乐于补偿。在沟通协商中，你能够给出合理的补救方案，问题就至少解决了一半。谈判双方都会从中获利。

九、对面试结果的询问方法

面试结束后的一段时间内，面试者可以主动与用人单位联系，但是在联系过程中一定要有技巧，不可莽撞，态度诚恳最重要。一般有以下 3 种联系方式。

（一）电话

致电询问时要态度诚恳、大方平和，语言简练、直奔主题，一次到位。避免频繁打电话使用人单位产生厌烦情绪。

（二）微信

注意措辞，把握分寸。表达强烈求职意愿，加深用人单位对自己的印象。不要过多询问无关的事情。

（三）邮件

在公司邀约面试的邮件里直接联系对方，表达对用人单位的认可或者求职意愿，最后询问面试结果。

1. 说明自己当时的面试经历。当面试者询问面试结果时，由于时间跨度大、面试人数多，考官可能遗忘了面试者的基本信息。面试者需要说明当时面试的经历，比如姓名、面试岗位、面试时间。这些基本信息可以帮助考官对面试者有一个大致的了解。

2．简单明了，询问面试结果。当自我简述完成后，要询问面试结果。如果考官对面试者的录取结果表达了很明确的态度（“是”或者“不是”），那么就没有必要再继续询问。如果考官的回答晦涩难懂，给人云里雾里的感觉，那么面试者就要有心理准备。大致有以下 3 种情况。

（1）没有通过面试。由于参加面试的人数多，用人单位为了节省时间，只会通知通过面试的人，对于没有通过面试的人不予通知。

（2）面试没有出结果。遇到招聘旺季，用人单位会分批次面试众多求职者，面试可能还没有出结果。

（3）被用人单位当作备用人选。面试过程中，用人单位已经有了合适的人选，但是你也比较符合条件，所以把你作为备选项，若最佳人选无法入职，那么就会招录你。

3．回顾强调，及时补充。向考官介绍自己时，若有什么需要强调的内容，或是面试时有表述不当的话，可以作适当补充或者更正。

面试是求职过程中最重要的环节之一，关系到求职者能否得到心仪的工作机会。以下是一些求职面试的技巧和方法。

（1）优化简历：制作清晰简洁的简历，突出自己的亮点和经验，让自己成为面试官眼中有竞争力的人选。

（2）收集信息：在面试前，收集有关单位、职位、面试官等的信息。在面试时，这些信息有助于求职者同面试官进行更好的交流。

（3）准备演练：对于可能被问到的问题，求职者可以提前准备答案，并进行模拟练习，以增强信心和表达的流畅度。

（4）注意形象：求职者应注意自己的着装、发型和肢体语言，给面试官留下良好的第一印象。

（5）自信表达：在面试过程中，求职者应保持自信，积极地回答问题，展示自己的能力和优势。

第八章

退役军人考公考编指导

本章为退役军人提供参加公务员考试或编制考试的指导和建议。公务员考试是公务员主管部门组织录用担任一级主任科员以下及其他相当职级层次的公务员的录用考试。公务员考试分为国家公务员考试和省公务员考试。其目的是为国家输送优秀人才。选择考公考编，退役军人能够更好地发挥在部队中获得的综合能力，在地方为社会作出新的贡献。

第一节　公务员考试

公务员考试是由政府或相关行政机构组织的选拔国家机关和参公事业单位工作人员的考试。本节介绍了公务员考试的分类、流程、考试科目、招录对象，以及一些特殊政策和规定。公务员考试作为一种选拔优秀人才的方式，对于建设高效、廉洁、服务社会的公共管理团队起到至关重要的作用。退役军人具备的独特优势，如遵守纪律、团队协作和应对紧急情况的能力较强，这在公务员工作中非常适用。公务员职位能够提供相对较好的薪资待遇、福利和职务晋升机会，为退役军人提供了稳定的职业选择。本节主要为退役军人介绍公务员考试的分类、流程、考试科目、招录对象，以及一些特殊政策和规定。

★图 8-1 国家公务员局网站

一、公务员考试分类

公务员考试一般可以分为 4 种：国家公务员考试、省公务员考试、选调生、遴选。

1. 国家公务员考试简称“国考”，指中央、国家机关公务员考试，是中央国家机关招考工作人员的一种方式。

2. 省公务员考试是各省、自治区、直辖市及计划单列市公务员考试，由各省、市、县、乡四级招录，由省级公务员主管部门统一安排，编制隶属于各省。

3. 选调生是各省（自治区、直辖市）党委组织部门有计划地从高等院校选调品学兼优的应届大学本科及其以上毕业生到基层工作，作为党政领导干部后备人选和县级以上党政机关高素质的工作人员人选，并进行重点培养的群体。

4. 遴选是一种可以跨政府层级、跨工作部门（系统）、跨地区的竞争性选拔。

二、公务员考试流程

公务员考试流程一般包括以下几个步骤。

1. 报名：考生需要在规定时间内登录招录机关指定的考试网站进行报名，

并上传相关证明材料。

2. 笔试：笔试是公务员考试的第一关，包括学科基础知识测试和综合能力考试。

3. 面试：笔试成绩合格的考生进入面试环节，面试主要考查考生的综合素质、能力和实际工作经验。

4. 考察：考生通过面试后，需要进行体检并被考察，招录机关对考生进行综合评定。

5. 录用：招录机关根据考察结果，以及考生所报考职位的情况，确定录用名单，并按照考生所报考的职位依次发出录用通知书。

需要注意的是，不同招录机关的公务员考试流程可能会有一些差别，具体要以招录机关的公告为准。

三、公务员考试笔试内容

公务员公共科目笔试分为行政职业能力测验和申论两科，笔试全部采用闭卷考试的方式。

行政职业能力测验为客观性试题，考试时限 120 分钟，满分 100 分。行政职业能力测验的内容主要包括常识判断、言语理解与表达、数量关系、判断推理和资料分析等。

申论为主观性试题，考试时限 180 分钟，满分 100 分。申论试卷由注意事项、给定资料和作答要求三部分组成。申论主要测查报考者的阅读理解能力、综合分析能力、提出和解决问题能力、文字表达能力。

四、如何备考申论

申论是公务员考试的一个重要科目，以下是备考申论的一些建议。

1. 运用方法：学习申论的关键在于积极运用各种写作方法和技巧。

2. 基础知识：备考申论，必须重视对政治学、法学、行政学、文学等学科的基础知识的掌握。

3. 模拟练习：在备考申论时，进行大量的模拟练习是非常必要的。

4. 多参考范文：可以参考一些议论文或样卷，理解优秀文章的结构和思路，学习他人的写作技巧和方法，寻找适合自己的切入点、预制论据和论证框架。

5. 有针对性地练习：针对不同的招录机关、抽象科目所考查的工作性质和相关法律、政策、制度性知识，制订有针对性的学习计划，对重点、热点、难点内容进行分析和研究。

备考申论需要花费大量的时间和精力，关键是要有正确的备考方法和思路，不断地练习，熟练掌握基础学科知识和各种写作方法。只有严格按部就班地备考，才能在考试中取得好成绩。

五、如何备考行政职业能力测验

行政职业能力测验是国家公务员考试中的一部分，用于测评考生的行政职业素质和能力。这一考试主要针对报考行政类职位的考生，包括但不限于行政管理工作等。一般涵盖的内容为言语理解与表达、数量关系、判断推理及资料分析与应用。

备考行政职业能力测验时，可参考以下建议。

1. 详细了解考试内容：获取官方考试大纲，明确各科目的考试要点和范围，以便有针对性地进行准备。

2. 制订合理的学习计划：根据考试大纲制订详细的学习计划，合理分配学习时间，确保全面复习考试内容，特别要注重基础知识。

3. 选择优质教材和模拟题：选用专门为行政职业能力测验准备的高质量教材，结合模拟题进行练习，提高解题速度和准确性。

4. 多角度学习和实践：通过多种途径学习，包括教材、培训课程、网络资源等，同时注重实际操作和模拟考试，培养全面的应试能力。

5. 定期模拟考试和查漏补缺：定期进行模拟考试，模拟真实的考试环境，通过分析结果查漏补缺，有针对性地加强薄弱环节，提高综合水平。

六、公务员面试的注意事项

公务员面试的注意事项包括如下几点。

1. 调整自己的心理状态。压力过大，容易影响考生的正常发挥，要注意进行积极的心理暗示，调整好个人心态。

2. 规范仪容仪态。给考官展现一种清新自然的状态，注意不要过度化妆。

3. 提前积累素材和经验。提前收集面试的资料、面试的主要问题和内容，这样可以提升自己的自信心。

4. 注意态度。在回答考官所提出的问题时，一定要注意态度真诚、谦和。

5. 语速要适中。说话的速度不宜过快，以免考官听不清楚，从而影响成绩。

七、公务员岗位定向招录退役军人的相关政策与情况

（一）相关政策与情况

《中华人民共和国退役军人保障法》第四十三条、第四十四条明确规定："各地应当设置一定数量的基层公务员职位，面向服现役满五年的高校毕业生退役军人招考。服现役满五年的高校毕业生退役军人可以报考面向服务基层项目人员定向考录的职位，同服务基层项目人员共享公务员定向考录计划。退役军人服现役年限计算为工龄，退役后与所在单位工作年限累计计算。"

退役军人报考公务员考试中的定向招录岗位是很有优势的。这类岗位面向服役五年（含）以上的高校毕业生士兵招录，服务的单位在基层项目中，同时还有边疆地区、深度贫困地区扩招的岗位。此外，若退役军人服役期间表现优异，在参加公务员考试时，部分省份还有对应的加分政策。

（二）报考条件

报考者应当具备下列资格条件。

1. 具有中华人民共和国国籍。

2. 年龄一般为 18 周岁以上 35 周岁以下。

3. 拥护《中华人民共和国宪法》，拥护中国共产党领导和社会主义制度。

4. 具有良好的政治素质和道德品行。

5. 具有正常履行职责的身体条件和心理素质。

6. 具有符合职位要求的工作能力。

7. 具有大学专科及以上文化程度。

8. 具备中央公务员主管部门规定的拟任职位所要求的其他资格条件。

注意：部分职位招录要求报考者具有基层工作经历，退役军人在军队服现役的经历，可视为基层工作经历。

第二节 事业单位考试

事业单位考试又称事业编制考试，是指中央和国家机关所属事业单位组织实施的选拔和招聘工作人员的考试。通常由各用人单位的人事部门委托省级和地级市的人社厅（局）所属人事考试中心组织考试，部分单位自行命题组织实施考试。

一、事业单位笔试的内容

事业单位的笔试内容包括公共科目和专业科目。

（一）公共科目

事业单位的公共考试科目没有统一要求，一般包括综合应用能力和职业能力测验。其中，职业能力测验一般简称为“职测”。

★图 8-2 中华人民共和国人力资源和社会保障部主管中央和国家机关所属事业单位公开招聘服务平台

1. 综合应用能力的考试内容：综合应用能力为主观写作题，与公务员考试的申论类似，主要考查应试者的阅读理解能力、分析判断能力、提出和解决问题的能力、语言表达能力、文体写作能力、时事政治运用能力、行政管理能力等。

2. 职业能力测验的考试内容：职业能力测验简称“职测”，题型、考查方式与公务员考试的行政职业能力测验内容（简称“行测”）基本上相同。主要考查考生对数量关系的理解与计算能力、对语言文字的综合分析能力、逻辑判断推理能力、运用基本知识分析判断问题的能力等。

（二）专业科目

事业单位专业科目考试的内容取决于具体职位和岗位需求，通常包括基础专业知识、行业背景、专业技能、法律法规和最新动态等内容。考生在准备时应详细阅读招聘公告和考试大纲，了解科目内容和要求。在准备过程中，建议通过阅读行业相关书籍、参加培训课程等方式获取必要的专业知识，并保持对行业发展的关注。通过充分学习，打下一定的专业基础，同时注重实际应用能力的培养，以具备适应岗位需求的综合素养。

二、事业单位笔试的前期准备

1. 完善备考计划：提前准备一份详尽的备考计划，列出所需备考的科目、考试时间及内容等，以便更有针对性地进行学习和复习。

2. 熟悉考试内容：了解每个科目的内容及考试形式，关注考试的热点和难点问题，并将注意力集中在自己的薄弱科目上。

3. 选择合适的学习材料：根据考试需求的科目，选择和购买质量好、适合自己的学习材料，提高备考效率。

4. 做好知识积累：事业单位考试多涉及专业知识等领域，需要学习先进的新思想、新观念和业务知识，扩充自己的知识面，提高专业水平。

5. 建立备考复习规划：定期安排复习时间和复习范围，并加强对知识点的钻研和技能训练。

6. 多做模拟试卷：通过做模拟试卷提高自己的答题技能，熟练掌握答题技巧和方法。

三、事业单位的面试流程与注意事项

事业单位的面试流程：报到抽签、候考、进入考场、答题、退场、公布成绩（有的单位不当场公布）等。

事业单位面试的注意事项如下。

1．考生需要提前了解所报考职位面试的日程安排、本人面试的具体时间及抽签区。

2．在面试期间，考生应带齐相关证件，证件不全者需要出具相关证明。

3．面试时，考生不得向面试考官自行透露本人的身份及其他信息，否则可能会被取消考试资格。

4．面试全程用普通话作答。每次回答完考官的问题时，要说“回答完毕”。回答完所有考题后，按照要求等候宣布面试成绩或者退场。

5．要严格遵守考试纪律。自觉服从安排，相关物品应交给工作人员统一保管。等候面试时需暂时离开候考区的，须在工作人员的陪同下前往。

延伸阅读

★图 8-3　2024 年 3 月，第二届广东省退役军人“兵教师”教育教学能力专项培训班跟岗实习暨任教推介活动在广州市越秀区育才学校举办

2024 年，全国多地启动“兵教师”招聘计划，提供编制和专项岗位，年

龄限制放宽，鼓励符合条件的退役军人到中小学任教。江苏、天津、浙江等多个省市已发布具体招聘公告，并为退役军人提供额外优待政策，如加分或专门岗位。此举旨在拓宽退役军人就业渠道，加强教师队伍建设，受到社会各界的广泛认可和支持。

（资料来源："中国退役军人"微信公众号）

第三节　人民警察录用考试

人民警察录用考试是为选拔优秀人员加入警察队伍而设立的考试。该考试通过评估考生的法律知识、执法能力和职业素养，旨在确保录用人员具备必要的专业素质和能力，能够有效履行职责，为维护社会的安全和法治建设提供有力支持。其主要作用包括选拔高质量的警察人才，提高警察队伍的整体素质和形象，维护警察队伍的公正性和权威性，适应法治社会的要求，以及保障社会安全和秩序。

一、人民警察的招录程序

人民警察是指公安系统、司法行政系统、法院系统、检察院系统和国家安全部门从事侦查、调查、审判、监管和安全保卫等工作的干部和职工。人民警察的招录程序如下。

1．平台注册：人民警察岗位的招录手续通常是在网上操作的，因此，考生需要在网上报名平台进行注册，并填写相关个人信息。

2．网上报名：根据公告要求，在规定时间内登录招录网站进行报名信息的填写，内容包括个人基本信息、工作经历、履历、文化水平、招录岗位选择等，并在线支付报名费。

3．笔试：人民警察岗位的笔试包括语言表达、文字阅读、计算机和法律素养等各个方面的内容，主要考查考生的基础知识和理解能力。

4．体能测试：除了笔试，人民警察的招录还要求考生通过科学的体能测试。进行体能测试是为了筛选出体质较强、心态良好、专业技能强的优秀人员。

5. 面试：笔试合格的考生根据面试通知中的要求，到达面试地点参加面试。面试环节包括对个人形象、思维品质、心理素质、体能等多个方面的考查。

6. 考察评估：面试合格后，招录单位会对考生进行实地考察，并对其人品、专业能力、意志品质、实际表现等多个方面进行评价。

通过以上各环节的考生方可被录用。人民警察的招录要求高，考试科目内容多，考试的综合性比较强。因此，不能只关注某个单项考试，需要全面准备。

二、人民警察的录用岗位

公安边防部队、消防部队和警卫部队在军改后相继撤销或改革。同时，随着安保形势的变化和任务的需求，公安机关新增了一些特殊警种，包括特勤警察、防暴警察和反恐警察等。

警种划分的根据：警察职位及工作特征。

1. 公安警察：主要从事治安、交通管理、刑事案件侦破、打击犯罪等工作。

2. 交通警察：主要从事道路交通安全维护、交通管理等工作。

3. 汽车、铁路、民航警察：根据工作需要在公安机关内成立的特定警种，主要负责汽车、火车、民航飞机等交通工具的安全工作。

4. 民警警务辅助人员：主要负责协助公安警察完成辅助性工作，包括警务辅助和科技侦查、网络管理等工作。

5. 反恐警察：主要负责反恐维稳、打击暴恐等方面的工作。

6. 特勤警察：主要负责领导保护、重要活动安保等方面的工作。

7. 特警部队：主要负责反恐维稳、打击暴恐等方面的工作，还可能参与国际维和任务。

需要注意的是，不同警种的报考条件和标准可能会有所差异，考生需要仔细阅读和掌握每个警种的报考要求，并根据自身情况选择适合自己的岗位。

三、退役军人报考人民警察时的岗位选择指南

退役军人在报考人民警察时需要根据自身特点和发展规划，进行岗位选

择。以下是一些建议。

1. 根据个人特长选择：退役军人在服役期间获得的军事技能和科目知识，可以作为选择警察岗位的重要参考。

2. 根据职业志愿选择：退役军人选择警察岗位时，可以考虑自己的职业志愿和职业追求，选择一个自己比较擅长或能够充分发挥个人优势的岗位，可以更好地做出成绩。

3. 根据岗位职责选择：退役军人选择警察岗位时，需要了解不同岗位的职责和工作性质，结合自己的兴趣和能力，选择一个符合自己背景和发展需求的岗位。

4. 根据竞争力情况选择：做选择时需要考虑岗位的竞争力情况，选择竞争力比较弱的岗位，成功的概率比较大。

总的来说，退役军人报考人民警察时需要从个人特长、职业志愿、岗位职责和竞争力情况等多方面考虑，要选择一个具有竞争优势和发展空间的岗位，更好地发挥个人特长，实现职业梦想。

延伸阅读

1994 年出生的徐懿自小便有一个警察梦。2012 年，徐懿选择参军入伍，服役于安徽省军区某站。2014 年，徐懿光荣退役并考入上海公安学院，她于 2020 年参加公安工作。2022 年 9 月 1 日，上海市公安局黄浦分局南京东路步行街管理中队成立，徐懿成了队里唯一一名女警，她说："我只是一名平凡的女警，性别差异确实使我们在警队中更为瞩目，但这仅是表面现象。希望大家认识的我们是在一线的人民警察。"

★图 8-4　徐懿工作时的画面

（资料来源："中国退役军人"微信公众号）

第四节 军队文职人员招聘考试

军队文职人员招聘考试是选拔适合从事军队后勤、行政、科研、文化、卫生等非战斗职能的专业人员的考试。退役军人参加军队文职人员招聘考试具有多重优势。他们具备从军经历和专业技能，了解军队体制，遵守纪律、执行力强，有应对危机的经验。他们注重团队合作，并且特别具有忠诚精神。总之，军队文职人员是比较适合退役军人的职业选择之一。

一、军队文职人员介绍

军队文职人员是指在军队编制岗位依法履行职责的非服兵役人员。军队文职人员与军人不同，主要负责行政、后勤、医院、研究等方面的工作任务，支持保障军事活动和训练，为实现国防建设的全面目标作出贡献。

军队文职人员除了需要拥有良好的职业素养和优秀的组织管理能力，以及计算机技术、办公自动化等技能，还需要具备创新意识和快速适应工作环境的能力，要具有熟悉军事和政治环境，处理公共事务和领导交办的工作的能力。

军队文职人员的招聘主要分为相应的笔试和面试，招录对象为中华人民共和国公民，需具有中专及以上学历，在年龄、身体素质等方面要符合相关规定。

★图 8-5 辽宁省沈阳警备区组织文职人员护士开展为期 10 天的战伤救护、紧急救治等 29 个课目的专业训练（图片来源：军队人才网）

总之，军队文职人员在国防建设和军队发展方面扮演着重要的角色，只有通过各种培训学习，提高自身综合素质和专业能力，才能为军队的建设和发展作出贡献。

二、退役军人应聘军队文职人员的优势

退役军人应聘军队文职人员，具备以下一些优势。

1. 熟悉军队组织机构和体制：退役军人在服役期间接受过基础军事教育，了解军队组织架构、体制、工作流程和军事理念等，从事军队文职工作上手比较快。

2. 较强的组织管理能力：退役军人在军队中培养了较强的组织协调、领导管理和决策能力，更符合军队对文职人员的要求。

3. 具备专业知识：军队文职人员工作涉及多个方面，如财务、法律、政治、情报等。退役军人因为有从军经历，通常比其他人拥有更多的专业知识和较强的实践能力，在工作中更具有竞争力。

4. 较强的责任意识：多年的从军经历使退役军人具有更加强烈的奋斗精神和奉献精神，这是军队文职人员非常需要的宝贵品质。

三、军队文职人员的招聘流程

根据《2024年军队文职人员公开招考公告》，军队文职人员招考流程如下：公布招考信息—报名及初审—统一笔试—确定入围人员名单—面试和体检—确定预选对象—政治考核—成绩查询—确定拟录用对象—办理录用审批手续—组织补充录用等。其流程与国家公务员考试差别不大。需要注意的是，军队文职人员招聘对考生的岗位匹配度要求更高，对专业技能人员的需求量较大，政审、考察等环节更加严格。考生需要具备相应的条件。

四、军队文职人员招聘的笔试科目和内容

军队文职人员的笔试内容分为专业科目和公共科目。其中，专业科目考试大纲分为哲学、经济学、法学、教育学、文学、外国语言文学、历史学、理工学、农学、医学、图书档案学、艺术学、管理学等13类44个专业。对专业科目考试大纲没有覆盖的小语种和少数民族语言专业岗位，笔试按照相应语种语言本科教育教学大纲命题。

公共科目的测试重点：一是岗位能力，主要测查应试者与拟聘文职人员岗位要求密切相关的基本素质和能力要素，包括言语理解与表达、数量关系、判断推理、资料分析等。二是公共知识，主要测查应试者对政治基本理论、公共基础知识的掌握程度，包括政治、经济、法律、人文与社会、科学技术、国防和军队知识等。

军队文职人员考试和公务员考试相比，既有某些共通之处，又具有强烈的军队特色。考生的知识储备应该都相差无几，要想与其他人拉开差距，就要从有军队特色的考试内容下手，只有掌握这部分内容，才有可能在文职人员考试中脱颖而出。

有军队特色的考试内容包括“国防和军队”中的“国防常识”和“军队常识”两个部分，虽然这两个部分的分值占比不大，但是对于能否取得好成绩具有至关重要的作用。

第五节　乡镇（街道）公务员考试

乡镇（街道）公务员考试是在乡镇或城市街道一级组织的选拔和录用公务员的考试。考试内容包括行政法律法规、公共管理、基层管理等知识，主要是为了通过笔试和面试等环节选拔合格者从事基层行政管理等工作。该考试旨在优化基层治理结构，推动基层服务水平提升，加强基层管理水平，促进基层干部队伍建设，以及保障基层社会稳定。通过乡镇（街道）公务员考试，能够确保在基层一级拥有胜任行政工作的专业人才，为基层的发展和社会的稳定提供重要支持。

一、乡镇（街道）工作人员岗位性质介绍

乡镇政府是一级政府，街道办事处是城区（或县级市）政府的派出机构。两者虽然不同，但一般来说，都是乡科级（如果是直辖市、副省级城市，其级别要高一些；实行市管镇的地方，其级别也高一些）。乡镇（街道）工作人员的类别大致有以下几类。

1. 公务员。乡镇一级，有党委、人大、政府等领导班子，并相应地配备一些工作人员。这些机关中的正式工作人员具有公务员的身份。

2. 事业编制工作人员。乡镇（街道）都会有下辖的事业单位，如社保所等。这些单位的正式工作人员都是事业编制工作人员。

3. 编外聘用人员。既有城区机关统一聘用安排在乡镇（街道）工作的编外人员，也有乡镇（街道）自行聘用的编外人员。

4. 党建组织员、“三支一扶”人员、大学生村官。这些基层工作人员都是上级有关部门安排在基层从事相应工作的人员，其待遇按有关文件规定执行。

5. 城管队员及环卫工人。为了做好城市的市容管理工作，有些地区将城管队员、环卫工人安排到街道进行管理，形成城管、环卫的一个中队。

6. 社区工作人员。有些乡镇（街道）为了解决人员不足的问题，会借调一些社区的工作人员到乡镇（街道）机关工作。

7. 协管员。城区的一些部门安排一定人员到乡镇（街道）负责某项具体的工作，称之为协管员、协查员等。

8. 公益性岗位人员。指在乡镇（街道）根据自身需要开发的一些公益性岗位上的工作人员。

二、乡镇（街道）公务员的招录对象和招录条件

乡镇（街道）公务员的招录对象和招录条件是根据国家法律法规制定并按照招聘需求和岗位职责而确定的。

1. 国籍、户籍要求：具有中华人民共和国国籍。有些地区要求报考者具有本省（自治区、直辖市）户籍。

2. 学历要求：大学本科及以上学历是通常的招录要求，以确保报考者在工作中具备较高的综合素质和能力。

3. 年龄要求：乡镇（街道）公务员招录要求报考者必须年满 18 周岁，年龄上限为 35 周岁。但是，对于某些需要特殊能力的职位，年龄限制可能有所调整。

4. 政治要求：报考者需要具备良好的政治素质和道德品质，遵守国家的法律法规，维护社会和谐，保持公正廉洁，为广大人民群众服务。

5. 健康状况：报考者需要具备较好的身体素质，确保有能力和精力完成工作。此外，还需要报考者符合国家医学检查标准，具有良好的健康状况。

6. 无犯罪记录：报考者无不良行为和违法犯罪的记录，具有良好的社会诚信和道德品质。

三、乡镇（街道）公务员的招录流程

乡镇（街道）公务员招录流程一般分为以下几步。

1. 发布公告：乡镇（街道）公务员招录通常在官方网站和报纸等处发布公告，详细说明招录职位、岗位要求、考试内容和流程等信息。

2. 网上报名：考生需要根据公告中的要求，在规定的时间内登录招录网站进行报名信息的填写，包括个人基本信息、工作经历、学历等，同时需要在线支付报名费用。

3. 考试报名确认：报名信息审核通过后，考生需到指定地点进行报名确认，要带上有效身份证件、学历证书原件和相关证明材料等。考生需要在规定时间内完成报名确认手续，确保考试资格。

4. 笔试：主要考查考生的知识储备、法律意识、思维能力和应用能力等。

5. 面试：笔试合格的考生，根据面试通知中的要求，到达面试地点参加面试。该环节主要考查考生的素质、综合能力和实际表现等。

6. 考察评估：面试合格后，录用单位对考生进行实地考察，并评价其人品、专业能力、意志品质、实际表现等。

7. 身体检查：录用单位会对通过考察的候选人进行身体检查，确保其身体状况能够胜任相关工作。

8. 公示和录用：对考察评估和身体检查合格的考生进行公示，正式录用符合条件的候选人。

总的来说，乡镇（街道）公务员招录流程较为严谨和规范，考生需要经过多个环节的考核才能被正式录用。考生需要提前了解招录信息，认真准备，提高竞争力，才能在激烈的竞争中胜出。

四、乡镇（街道）公务员笔试的主要内容

乡镇（街道）公务员笔试的主要内容通常包括以下几个方面。

1．基础知识考查：基础知识包括语文、数学、英语、政治、常识、法律法规等方面的内容。考题常涉及词汇、语法、逻辑推理和政治、文化方面的知识。

2．专业知识考查：专业知识主要基于报考的职位要求，如人事、财务、审计、机要等方面的专业知识。考题涉及专业知识、专业能力和实际应用能力。

3．综合素质考查：包括综合分析、案例分析和论述题等，主要考查考生的综合素质和实际工作能力，如组织协调能力、沟通协商能力、综合应用能力、创新能力等。

4．应用题考查：根据报考的职位，在考试中设置符合该职位工作内容的应用题目，考查考生的实际操作能力、应变能力和管理能力等。

总的来说，笔试是乡镇（街道）公务员考试的重要环节，考生需要充分准备，熟悉招录信息和岗位要求，熟练掌握基础知识和专业知识。只有具备良好的综合分析和实际应用能力，才能考出理想的成绩。

延伸阅读

“兵支书”助推乡村振兴

身着迷彩服的贵州安顺“兵支书”们，带领村民建设高效农业产业基地，奋斗在乡村振兴第一线，只为实现人人富裕的梦想。江苏泰州市扎实推进“退役士兵村官培养工程”，招录优秀退役士兵担任书记主任助理，培养聘用195名退役士兵村干部，打造了一支退役士兵村干部队伍，实现了退役士兵服务村民的梦想。全国各地在基层换届中、城市社区工作人员招聘时，都注重

提高退役军人干部的比例。

2021年，中共中央办公厅、国务院办公厅印发了《关于加快推进乡村人才振兴的意见》，明确退役军人成为公务员的3种途径、7条措施，基层乡镇面向退役军人招录公务员成为一项制度性安排。只要踏实肯干，基层不会辜负有梦想的人。

（资料来源：退役军人事务部官网）

第六节　社区工作者考试

社区工作者考试是为了选拔和招聘适合从事社区工作的专业人员而组织实施的考试，旨在评估应试者在社会工作领域的理论知识储备、实际操作技能和社会服务能力。考试内容一般包括社会工作原理、心理学、社会政策等方面的知识，并注重测试应试者在实际工作中的能力。通常，应试者需要具备一定的社会科学或相关专业的学历背景。

一、社区工作者的职能与职责

社区工作者的职能与职责主要有以下几个方面。

1. 管理职能。在政府和社区党组织的指导下，协调社区成员进行自我管理，完成社区成员代表大会制定的目标。

2. 服务职能。提供便民服务，动员社区成员共享资源，处理公共事务和开展公益活动，组织志愿者队伍，发展社区服务行业；协助政府实施低保制度，推动就业及优抚救济工作。

3. 教育职能。开展法律、公德教育及对青少年和“两劳”人员的教育，提供职业培训、文化娱乐和体育活动，推动“五好文明家庭”的评选，营造社区特色文化氛围，增强社区成员的归属感和凝聚力。

4. 监督职能。监督社区管理部门的职责履行情况，及时向上级反馈监督意见。

5. 协助政府及其派出机构完成相关任务。

二、退役军人报考社区工作者的优待政策

对于退役军人及其家属报考社区工作者，很多省份都出台了相应的优待政策。有些省份对退役军人报考社区工作者有加分政策，如陕西省，该省往年的加分政策如下：自主就业退役士兵获得中央军事委员会授予荣誉称号的加 20 分；获得军队战区（原大军区）级单位授予荣誉称号或者荣获一等功的加 15 分、荣获二等功的加 10 分、荣获三等功的加 5 分；大学本科毕业后入伍的加 10 分、大学专科毕业后入伍的加 5 分；每超期服役 1 年加 1 分；多次获得荣誉称号或者立功的，按照其中最高等级加分，此类加分最高不得超过 20 分。

三、社区工作者的考试内容

不同省份社区工作者的考试内容有差异，但综合各省的情况来看，主要涉及以下几个方面。

1. 社区专业知识和实务。
2. 公共基础知识。
3. 行政职业能力测试。
4. 综合能力测验。

考生如要了解具体考试内容，需查看相应的招聘公告。

其中，社区专业知识和实务主要考查以下几个方面的内容。

1. 社区概论。
2. 社区建设。
3. 社区组织。
4. 居民自治。

公共基础知识主要考查以下几个方面的内容。

1. 中国特色社会主义理论。
2. 当代中国政府与政治。
3. 机关工作人员的职业道德。
4. 法律知识。

5. 时政知识。

行政职业能力测验主要考查以下几个方面的内容。

1. 言语理解与表达。

2. 数量关系。

3. 判断推理。

4. 资料分析。

5. 常识判断。

6. 公文写作。

第七节 村干部考试

村干部考试是指选拔合适人员担任村级行政职务的一种考试，旨在评估应试者在农村管理和服务方面的知识、技能、素质，以确保村级组织拥有合格的行政和领导人才，有助于农村社区的良好治理和发展。村干部考试的内容一般包括与农村事务管理相关的知识，如村务法规、农村政策、基层治理、社会服务等。村干部考试的设置和要求可能因地区而异，但整体目标是选拔能胜任村级行政职务的村干部人才。成功通过村干部考试的人员将有机会成为村级领导，负责村务管理、基层治理，以及为农村居民提供相关服务。

一、村干部的日常工作内容

1. 协助做好党的方针政策、国家法律法规和上级党委政府有关文件精神的宣传贯彻工作。

2. 协助完成富民强村建设的各项任务。

3. 协助做好村内的综合治理、矛盾调解、社会保障等服务工作。

4. 协助做好制度规范、文字和档案管理工作。

5. 协助做好远程教育、科技普及和精神文明推广工作。

6. 围绕村主要工作开展调研，当好参谋，每年至少完成一篇调研报告。

7. 积极参与镇、村组织的各项文体活动。

8. 完成镇、村“两委”交办的其他各项任务。

二、退役军人报考村干部的优待政策

退役军人报考村干部有一定的优待政策，但是具体政策全国并不统一。以浙江省杭州市为例，该市按不低于20%的比例招聘经职业技能教育培训合格的退役士兵（含退役大学生士兵）为村干部，荣立二等功及以上的经职业技能教育培训合格的退役士兵可免试录用村干部职位。退役大学生士兵在退役三年内参加“大学生村官”招聘时，享受同等条件下优先聘用等优待政策。此处不再一一列举其他地区的优待政策，退役军人在报考时可进行具体查看。

三、村干部考试的科目、内容与题型

村干部考试的科目、内容与题型会因不同的地区、招聘条件和岗位要求而有所不同，但一般包括以下几个方面。

1. 政策法规：考查政治素质和政策法规素养，要了解国家、地方和村级相关政策、法律法规，懂得行政程序，有执政能力。

题型：选择题、判断题、填空题、简答题等。

2. 基础知识：考查对基础知识的掌握程度，包括语文、数学、英语、社会常识等内容。

题型：选择题、填空题、简答题等。

3. 专业知识：考查申报岗位所需的知识和技能，比如农业、乡村振兴、社区管理、社区服务等方面的专业知识。

题型：选择题、填空题、简答题、应用题等。

4. 综合素质：要求考生具备多种能力，比如语言表达能力、组织协调能力、领导能力、沟通协商能力、应变能力、创新能力等。

题型：案例题、论述题等。

总的来说，村干部考试的科目、内容与题型相对灵活，一般会考查政策法规、基础知识、专业知识和综合能力等。考生需要认真准备、研究考试内容和要求，并根据招聘单位和岗位要求，有针对性地加强知识和技能的学习，以提高考试成绩和竞争力。

第八节　消防救援队伍的招录报考

国家综合性消防救援队伍，是由国家消防救援局管理的国家应急救援力量，是应急救援的主力军和国家队，担负防范化解重大安全风险、应对处置各类灾害事故的职责，依法承担全国防火灭火、应急救援等职能。国家综合性消防救援队伍分为消防救援、森林消防两支队伍，其前身分别为公安消防部队、武警森林部队。

一、政策背景

2018 年 10 月，中共中央办公厅、国务院办公厅印发《组建国家综合性消防救援队伍框架方案》，组建国家综合性消防救援队伍。

2021 年 8 月，退役军人事务部办公厅、应急管理部办公厅联合印发《关于做好国家综合性消防救援队伍面向退役士兵招录消防员工作的通知》（以下简称《通知》）。

2023 年 1 月 6 日，由应急管理部消防救援局和森林消防局整合而成的国家消防救援局正式挂牌。

二、优待政策

《通知》主要推出以下优待政策。

1．将退役士兵作为消防员的重要招录来源，拿出不少于年度消防员招录总规模的三分之一指标招录退役士兵。

2．开辟专门通道，单列专项计划，将退役士兵就业发展与加强国家综合性消防救援队伍建设相结合。

3．明确国家综合性消防救援队伍面向退役士兵招录消防员举措办法，在宣传推广、人员招录、档案转接、业务培训等方面明确职责分工，完善招录工作机制。

4．录用后，服现役年限计入工作时间，按有关规定确定衔级职级和工资待遇。原部队任职工作经历作为录用后任职使用重要参考。

三、招录对象范围

《通知》中明确的招录对象主要为自主就业退役士兵。其中，将退役士兵的年龄放宽至24周岁，对在原部队从事通信、防化、航空、潜水等专业并取得相应资质的，年龄可放宽至28周岁，对中共党员、立功受奖、烈士遗属给予优先招录。

四、消防救援人员的类型

消防救援人员分三类，国家定编有两类，分别是管理指挥干部和消防员；地方定编为一类，即政府专职消防员。三个类别的招录有各自不同的招录条件和程序，对退役军人均有不同的优待政策。

（一）消防管理指挥干部

国家定编的消防管理指挥干部是指在消防机构担任指挥和管理职责的干部。这些干部负责组织、指挥和协调各类消防救援行动。

（二）消防员

国家定编的消防员是指负责灭火、抢险救援等现场应急救援任务的人员。要求消防员身体健康，具备初中及以上学历，年龄一般限定在18~27岁。

（三）政府专职消防员

政府专职消防员是指在政府机构、公共机构、企事业单位、学校、医院等单位担任职务的消防人员。政府专职消防员主要负责本单位的消防工作，包括消防安全管理、防火宣传、消防设备、器材和水源的维护管理、组织演习等。

五、管理指挥干部招录

（一）报考条件

除具备中央、国家机关公务员的基本报考条件外，各类报考人员还应符合以下条件。

1. 大学应届毕业生。

2. 具有消防救援实战经验的大学生消防员。

3. 军队服役5年（含）以上高校毕业生退役士兵。

（二）招录程序

1. 报名、笔试

按照中央公务员主管部门的统一安排进行，详见中央机关及其直属机构考试录用公务员专题网站。

2. 体检、心理素质测评、体能测评（业务技能测评）、面试

根据录用计划和录用方向，按照规定的计划录用人数与面试人选比例，确定进入体检、心理素质测评、体能测评（业务技能测评）及面试的人员名单。面试前进行体检、心理素质测评和体能测评，其中任何一项不合格者，不再进入下一选拔环节。大学生消防员面试人员参加业务技能测评，不参加体能测评。

3. 考察、公示及备案

应急管理部政治部根据录用类别和录用方向，按照考试综合成绩由高到低依次确定拟录用对象。

4. 任职培训

录用对象进行为期1年的任职培训，其中集中培训、岗前锻炼各6个月；大学生消防员录用对象进行为期6个月的任职培训。

六、消防员招录

（一）报考条件

根据《国家综合性消防救援队伍消防员招录办法》等法规政策规定，消防员招录条件与范围如下。

1. 具有中华人民共和国国籍。

2. 遵守宪法和法律，拥护中国共产党领导和社会主义制度。

3. 志愿加入国家综合性消防救援队伍。

4. 年龄为18周岁以上24周岁以下。

5. 具有高中以上文化程度。

6. 身体和心理健康。

7. 具有良好的品行。

8. 法律法规规定的其他条件。

定向招录退役士兵须为解放军或武警部队服役期满退役士兵（含国家综合性消防救援队伍工作期满退出的消防员），以作战部队退役义务兵为主。

（二）招录程序

1. 网上注册报名。招录对象可在规定时间内登录国家综合性消防救援队伍消防员招录平台（http://xfyzl.119.gov.cn），查询浏览招录信息，注册后进入消防员招录在线报名系统。

2. 网上初审。网上报名期间，各省级招录办同步对招录对象的报名信息进行初审。

3. 参加资格审查现场复核。

4. 体格检查。

5. 政治考核。参照征兵政治考核要求进行。

6. 体能测试和岗位适应性测试。按照《国家综合性消防救援队伍消防员招录体能测试、岗位适应性测试项目及标准》执行。体能测试实行量化评分，单项设最高分15分，最高总成绩为40分，有一个单项“不合格”的予以淘汰。岗位适应性测试有一个单项达不到“一般”标准的予以淘汰。

7. 心理测试和面试。心理测试和面试结果有一项为“不合格”的予以淘汰。

8. 公示。

9. 录用。根据公示情况，确定录用人员名单。

10. 入职培训。新录用的消防员参加为期1年的入职培训。

七、政府专职消防员招录

（一）报考条件

关于政府专职消防员的招录条件，在不同的地区或单位间会存在一定的差异，但通常包括以下几个方面。

1. 健康状况：一般要求报考者身体符合国家和地方的相关标准，能够通过招聘单位组织的体检。

2. 学历要求：通常需要高中及以上学历（本科及以上人员需要看用人单位的要求）。如果报考者具有消防安全、工程技术、公共安全治理等相关专业背景，将会加分。

3. 年龄限制：通常要求报考者的年龄在 18～30 岁。

4. 具有某些特定专业技能：对于一些特定的消防工作岗位（如保安消防员等），有时候会对报考者的相关专业技能提出特定的要求，如身体素质、特定的技能证书。

5. 合法资格证明：政府专职消防员需要具有相关的合法资格证明，例如，电工、焊工、机械操作证等相关证书，也需要取得市区消防学员证书和初级消防员证书。

（二）招录程序

政府专职消防员的招录程序可能在不同的单位或地区存在一定的区别，但通常包括以下几个环节。

1. 发布公告：招录单位会在各种招聘网站、报纸、官网等渠道发布招聘公告。公告中包括以下要素，岗位信息、招聘条件、报名时间、考试科目、时间和流程、招聘人数等。

2. 报名：符合招聘条件的报考者可以在规定的时间内通过招聘单位指定的报名方式进行报名。一般需要提交个人简历、学历证书、身份证号码、体检合格证明等相关材料。

3. 笔试和面试：笔试主要测试报考者的基本文化知识、综合素质、技能等；面试主要测试报考者的综合素质、业务能力等。

4. 考察和体检：为了保证招录的消防员能够胜任本职工作，并且各方面表现良好，需要对报考者进行考察和体检，包括进行体能测试和心理测试等。

5. 公示拟录用名单：为避免出现不公平、不透明等问题，拟录用名单必须进行公示，接受公众的监督。

6. 发放录用通知书：用人单位根据考试成绩和体检结果，经过审核，发放录用通知书。

总之，政府专职消防员招录程序包括多个环节，报考人员需要满足资格条件、通过笔试和面试、具备健康身体等条件，才能被录用。

延伸阅读

郑剑锋：群众身边的消防员，退伍老兵的情怀与担当

★图 8-6　郑剑锋在工作时的画面

郑剑锋，中共党员，1998 年入伍，曾在广东省阳江市公安消防支队阳春大队服役 16 年，2015 年 7 月转业至阳春市妇幼保健院从事安全保卫工作。在消防服役期间，他参与了 2000 余次灭火救援任务，成功抢救、疏散遇险群众 380 余人，荣立个人“三等功”4 次，荣获优秀士兵 2 次、优秀共产党员 1 次、嘉奖 18 次。

转业后，郑剑锋继续发挥军人的优秀品质，迅速适应安保工作，勇于探索和创新，将医院的消防安全管理工作提升到新的高度，实现了全年无刑事案件、无治安案件、无火灾事故的“三无”工作目标，并带领医院微型消防站连续两年在全市消防安全重点单位岗位大比武中获得第一名。

郑剑锋不仅在工作中表现出色，还积极投身社会公益事业。2018 年 7 月，他牵头成立了阳春市应急志愿者协会，并组建了阳江市首个民间志愿者消防救援站。在抗击超强台风“山竹”期间，他带领救援队员参与抗洪救灾，为 350 名受灾群众提供服务，并组织灾后清洁和消毒活动。

此外，郑剑锋还利用周末和节假日进行义务消防宣传、培训和各类志愿

服务活动，累计服务时长超过 300 小时，受益群众达 12 万余人。他还参与义务献血，并是中国造血干细胞捐献者。

郑剑锋的事迹得到了社会各界的广泛认可，他所带领的团队先后被评为“热心消防公益事业先进集体”和“抗洪抢险救灾复产先进单位”，成为社会正能量的典范，充分展现了退役军人的风采。

（资料来源：搜狐网，https://www.sohu.com/a/426380257_120207428）

第九章

退役军人入职上岗指导

本章包含职业精神概述、军人优良作风在职场中的优势、快速适应环境的方法等方面的内容，旨在为退役军人提供全面的建设性意见，帮助退役军人更好地理解工作单位的文化，迅速适应和融入新的职业环境，与领导和同事建立积极和谐的人际关系，在职场中顺利发展。

第一节　职业精神概述

职业精神是指人们在从事职业活动时所表现出来的意识、态度和素质，是职业道德、职业素养和职业责任感的总和。职业精神是职场人士应当具备的基本素质，其实践内涵体现在敬业、勤业、创业、立业 4 个方面。从事不同职业的人都应当大力弘扬社会主义职业精神，尽职尽责，贡献自己的聪明才智。

一、践行责任担当

员工的责任心是所有用人单位都非常重视的优秀品质。作为退役军人，要具备强烈的事业心和高度的责任感，踏踏实实做事，老老实实做人，不论从事什么工作，都能尽心尽力、认真细致、极端负责，在关键时刻让单位感到靠得住、信得过、能放心。

二、理性看待得失

在职业生涯中，每个人都希望有付出有回报，希望通过自己的努力做出成绩、取得成功。但现实生活总会有得有失，有顺利有坎坷。有的人过于功利，有一点付出就要立刻得到回报；有的人想法过多，总是患得患失，什么都想得到，结果导致失去了更多。要理性地看待得与失，保持平常之心，学会取舍，才能更好地实现自己的人生价值。

三、勇于开拓创新

各单位招聘人员，不仅是为了补充力量，也是考虑到新人能够给单位带来活力，促进单位发展。退役军人初到地方工作，要在继承前人经验的基础上大胆创新，以新的视野看待问题，用新的办法处理问题，使工作在原来的基础上有新的突破，既展示了自己的能力、体现了自己的价值，又得到了锻炼和提高，同时也为单位的发展作出了贡献。

四、善于发现问题

发现问题是改进工作、实现新发展的基础，也是一个人职业精神的重要体现。作为退役军人，既要学习和传承单位的好经验、好做法，也要具有高度的责任感，善于发现工作中存在的问题，并提出解决问题的方案和建议，使工作不断向前推进。这样自己也能得到成长，成为工作中的行家里手、单位不可或缺的业务骨干。

★图 9-1　2024 年 9 月，湖南省首家关爱退役军人的社会公益慈善组织成立（图片来源：湖南省退役军人事务厅）

五、不断加强学习

随着时代的发展，知识更新的速度也在不断加快。只有不断地学习，掌握前沿理论与知识，才能在工作中有所作为、做出成绩。退役军人要提升与本职工作有关的专业技能，此外还要加强政治理论、法律、经济、管理知识的学习，成为一个高素质的人才。

第二节　发挥退役军人优良作风在职场中的优势

优良的作风在职场中不仅能增强个体职业竞争力，还有助于团队合作和组织的整体成功。退役军人养成了纪律性强、善于协作、敢于应对压力的优良作风，对于树立个人良好形象以及提高组织的凝聚力、战斗力都具有重要作用。

一、以坚定的意志获得信任

当兵的经历造就了退役军人不怕吃苦、能打硬仗的可贵品质。面对急难险重的问题不退缩，面对充满矛盾和艰辛的工作敢于迎难而上，面对繁重的任务勇于承担，退役军人到地方工作后，要继续保持和发扬这些优良品质，这样就能得到单位的信任，做出新的成绩。许多单位愿意录用退役军人，看重的就是其坚强的意志和顽强的精神，这是退役军人的独特优势。

二、以高效的执行力得到认可

一分部署，九分落实。高效的执行力在任何单位都是核心竞争力，退役军人在这方面有天然的优势。要发扬令行禁止、雷厉风行的优良作风，以最高的效率、最高的标准执行单位的决策，高质量完成领导交办的各项任务。要力戒形式主义，坚决摒弃做表面文章、以口号代替落实、以方案代替实干、以走过场代替解决问题的不良风气，以出色的工作业绩赢得领导和同事的认可，用事实证明，退役军人到哪里都是好样的，单位和领导没有选错人、用错人。

延伸阅读

展现军人本色，再立新功

杨辉冉，2001年出生，入伍5年的时间里，他以超凡的努力和毅力取得了令人瞩目的成绩。他连续两次荣立三等功，并荣获“全国优秀共青团员”称号。在第74集团军某旅营区的“荣誉林”中，杨辉冉栽下的新树苗见证了他的辉煌战绩。初入伍时，杨辉冉被“荣誉林”中前辈们的故事所震撼，立志成为一名精武善战的尖兵。凭借不服输的韧劲和高强度的训练，他在2021年的国际军事比武中脱颖而出，斩获团体第一名和个人总分第三的好成绩，并于年底荣立三等功。次年，他在集团军狙击手集训中再次荣立三等功，成为“全国优秀共青团员”。

如今，杨辉冉担任各类集训教员，以其坚持不懈、永不服输的精神感染着更多战友。他不断刷新战绩，朝着成为优秀班长的目标奋勇前进。杨辉冉的故事不仅展示了新一代军人的风采，也为强军路上的同胞们树立了榜样。期待他在未来再接再厉，再立新功。

（资料来源：“中国退役军人”微信公众号）

第三节　入职后快速适应环境的方法

快速适应环境非常重要，不仅可以提高自身的工作效率、增强自信，还能够与同事建立良好的合作关系，共同促进组织的发展。

一、职场环境的变化及应对方法

退役军人进入地方职场后，由于所处的环境发生了很大变化，难免会有一些不适应，有时甚至会伴有焦虑、抑郁情绪。提前预判这些可能产生的不适反应，对于避免产生不良情绪、顺利度过转折期，是非常必要的。

（一）人际关系的改变

部队里战友之间朝夕相处，共同接受政治教育和军事训练，理念及想法大多相同，人际关系也相对简单。而进入职场，面对完全不熟悉的同事，退役军人如果完全沿用部队里的说话、行为方式，很可能会碰壁，并出现种种不融洽的情况。

（二）竞争环境的改变

部队里虽然也有一定的竞争存在，但是与地方职场有较大不同。部队单位之间、个人之间竞争的标准和方式相对明确，客观条件差异不大，容易掌握和比较。而地方职场的情况比较复杂，客观条件变数较大，比如，有些单位绩效考核的指标很多，有些单位还采用末位淘汰制，对于无法达到岗位要求的员工，会直接淘汰。这些竞争方式对于退役军人来说都是陌生的，挑战性很大。退役军人需要增强自己的抗压能力，同时也需要不断学习，提高自己的职业技能，增强职场竞争力。

（三）工作方式的改变

在部队，工作方式讲究集中统一，令行禁止；在地方，虽然也要求下级服从上级，但在工作方式上更讲究协商沟通。对于工作方式的改变，有些退役军人产生了一些不良情绪，如失眠、烦躁、抑郁等。这些不良情绪会对工作和生活造成较大的负面影响。对此，退役军人应该转变观念，加强学习，要善于把部队的好做法同地方的实际相结合，妥善解决遇到的问题。此外，不要过于计较个人得失，要学会克制情绪，以宽容积极的心态对待人和事。

二、退役军人职场人际交往指南

（一）要诚实守信

在职场中，诚实守信至关重要，对于每个人的职业生涯都具有深远的影响。诚实守信有助于个人树立良好的形象，并与他人建立信任关系，还能够减少误解，提高沟通效率；能够创造良好的工作氛围，促进同事的团结协作；能够使个人有效地应对工作中的挑战，推动事业的发展。

（二）要低调做人

退役军人初到地方工作，保持低调做人的态度既是一种处世的方式，也是一种智慧，可以帮助自己在复杂的社会环境中减少不必要的冲突和麻烦。要保持心态平和，不因客观情况的变化而产生过大的情绪波动，不冲动行事；为人要谦逊，尊重他人，不要过分自我炫耀；在工作和生活中稳健务实，不追求华而不实的成果；与同事要和谐共处，与他人建立良好的合作关系，共同推动事业发展。

（三）要把握分寸

在职场中与同事交往，要把握好分寸，时时处处注意自己的言行。要善于观察和分析对方的心理与情感需求，懂得换位思考，理解对方、尊重对方，给对方留下良好印象，形成和谐的人际关系。

三、退役军人塑造良好职场形象的方法

（一）态度要谦虚

作为职场新人，态度谦虚十分重要。退役军人遇到不懂的问题要虚心向他人请教，切忌自以为是、傲慢自大，这样既可以促进同事间的交流，也能够得到同事的支持与帮助。

（二）懂得职场礼仪

退役军人要注意学习和掌握职场礼仪，在人际交往中礼貌待人，展示自己良好的形象，为开展工作营造良好的职场氛围。

（三）交往要真诚

对于初入职场的退役军人来说，同领导和同事交往时一定要真诚，这样可以给他人留下非常好的印象。特别注意不要防备心过强，避免给人留下冷漠、不好相处的印象，即使有些真话不便说，也不要刻意说假话。

（四）要勤奋工作

作为职场新人，在提高业务能力、胜任工作方面会有一个发展过程，但在工作态度上一定要积极，要主动、勤奋，眼里有工作。这样才会获得领导和同事的认可，并得到他们的主动帮助，从而能够尽快适应新的环境。

（五）经常保持微笑

工作中经常保持微笑，可以化解初入职场的一些尴尬场面，也能给人留下阳光开朗的感觉，给自己带来好人缘，为顺利开展工作创造条件。

四、退役军人快速融入团队的方法

入职后，退役军人面临全新的环境，如何在最短的时间融入新的团队，有以下建议供参考。

（一）良好的仪容仪表

仪容仪表是一个人的“门面”，退役军人到地方工作，要从衣着、言谈举止等方面入手，做到衣着干净、整洁，言谈举止得体，以良好的仪容仪表融入新环境，给同事留下好印象。

（二）养成良好心态

回到地方后，多数退役军人的工作同原来的工作会有较大差异。面对新岗位的要求、人际关系的重构，难免会产生心理上的落差，有些人甚至会焦虑、抑郁。对此，退役军人应认清现实，调整心态，增强自身的心理素质，调整看问题的角度，以平和的心态投入工作。

（三）把握好职场“蘑菇期”

不少职场新人入职后，都有过一段“蘑菇”期：被安排在不受重视的岗位，或者主要干一些打杂跑腿的工作，甚至无端受到批评、指责。退役军人对此要有一定的思想准备，要耐得住寂寞，平稳度过“蘑菇期”。在这段时间，退役军人可以细致观察单位的运作环节和自身的位置，了解同事的特点和分工，为今后的发展做好准备。要认识到实现自我价值需要一个过程，不要心急，欲速则不达。

（四）提升职业素养

在同一个单位，有些人之所以能更快更好地发展，是因为他们注重提升业务能力和个人修养。即便学历不高，凭借谦逊好学和刻苦钻研的精神，也能迅速掌握实用技能。退役军人要想顺利实现职业转型，关键在于更新业务知识和能力。要根据新岗位的特点和要求，一方面要积极与同事交流、虚心请教；另一方面要通过多种学习方式，不断提升自身素质。

（五）自我悦纳

职业转型既是机遇，也是挑战；同时也是一个认识自己、了解自己，从而进一步接受自己的过程。这个过程不是一蹴而就的，急躁、失落、焦虑和抑郁等不良情绪，往往会伴随职业转型的全过程。这就需要退役军人充分认识自己的心理变化规律，审视自我，主动调节不良情绪。对于一些无法改变的外部环境因素，退役军人要通过调节自身去适应，培养独立的人格和思想，理解自己，悦纳自己。一个善于理解自己、悦纳自己的人才有可能在团队中更好地理解他人、悦纳他人。

五、退役军人应了解的职场生存法则

职场中，常常会看到这样一些现象：有的人总是得到领导和他人的认可，事业不断发展；而有的人却始终在同一岗位上不受重视，没有建树。要在职场中游刃有余、表现卓越，就需要掌握一些生存法则。

（一）营销自己

平时的为人处世其实就是自我营销，有的人受欢迎或有所成就，是成功营销自己的结果。如果想让自己的辛勤努力更快地被他人认可，除了埋头苦干，还必须学会一些职场中的自我营销方式，对自己进行包装宣传。比如，通过多与领导和同事交流，抓住部门会议总结等机会，展示自己的业绩及特长。

（二）展现优点

学会把自己的优势展现出来，让领导和同事知道你能为单位创造哪些价值，能为单位带来什么。

（三）注重仪表

得体的衣着打扮，可以体现一个人的修养及品位，同时也体现出对他人的尊重。端正整洁的仪表能够让他人感到身心愉悦，特别是在对外工作中，领导更愿意安排形象良好的员工负责，这是为了使对方感到受尊重，增加成功合作的概率。

（四）建立人脉圈

建立良好的人际关系，有自己的人脉圈，既是职场生存的重要法则，也是很大的一笔个人财富。每个人都希望靠实力去实现自己的梦想，但是个人的力量毕竟有限，俗话说，“一个篱笆三个桩，一个好汉三个帮”，正确使用人脉是成功的基石。

（五）创造价值

只有为单位创造价值，才能得到单位的认可，在激烈的职场竞争中不被淘汰。

六、远离职场“负能量”

职场中，蔓延最快的往往是那些令人消极、倦怠的“负能量”，而不是鼓舞人心、积极向上的信息和能量。“负能量”的蔓延不仅影响正常工作、损害人际关系，严重的还可能影响个人职业发展。退役军人应谨记远离以下“负能量”，这样才能获得更多“正能量”，并取得事业上的成功。

（一）抱怨

抱怨是职场中传播最广、影响力最大的“负能量”，它能从个人蔓延到整个部门，再到整个单位。抱怨会让自己和他人陷入负面情绪，导致工作懈怠和错误频发，这也是管理者非常不喜欢的行为。

（二）消极

职场里总是有些人消极怠惰，对单位发展缺乏信心，患得患失，瞻前顾后，消耗了大量的时间，错过了大好的发展机会。而且，消极的心理也会影响整个团队的士气，甚至使团队一蹶不振。

（三）浮躁

浮躁的人通常表现为急于邀功、做事不踏实、热衷于做表面文章。这类人很容易瓦解团队的奋斗精神，导致其他人的情绪不稳定、思路不清晰、行为不正确，给单位带来较大的损失。

（四）冷淡

人际关系冷淡会对团队建设产生负面影响，可能导致工作中缺乏合作和出现人为障碍。如果不及时解决，可能演变为办公室冷暴力，造成团队关系恶化、互不信任，削弱团队战斗力，严重影响团队绩效。

（五）自卑

有些人对自己的能力素质不自信，总担心做错事而被领导批评或者得罪人，所以他们缺乏担当精神，做事缩手缩脚，不敢承担责任。这样的人在团队中很难受到重用。

（六）妒忌

在竞争激烈的职场里，有些人心胸比较狭窄，容不得别人进步，看不得别人成功，甚至诋毁别人的成绩，自己最终也会陷入负面情绪，影响职业发展。

（七）懒惰

人都有惰性，但在工作中必须加以控制。懒惰一旦成为习惯，会导致拖沓，不仅影响个人绩效，还会连累团队。而且，懒散和拖延的情绪还会在同事间传播，使整个团队变得低效。

（八）麻木

指对工作缺乏热情和积极性，没有进取精神。这种消极态度会影响团队互动，降低团队的活跃性和创新力，使单位缺乏生机。

第四节 职场必备的礼仪与道德

具备职场需要的礼仪与道德，有助于建立良好的职业形象，打造积极的人际关系，维护职场和谐，提升个体职业竞争力，促进职业发展。同时，对维护单位声誉、实现事业成功发展也具有重要作用。

一、职场礼仪

职场礼仪是指人们在公务交往活动中，为了相互尊重，在仪容、仪表、仪态、言谈举止等方面约定俗成的、共同认可的行为规范。学会职场礼仪规范，将使一个人的职业形象大为改进。

（一）基本礼仪

1. 握手

握手是职场中重要的礼节，体现一个人的专业性和礼貌。在见面和告别时，适时的握手表达了友好和尊重。握手力度应适中，持续 2 ~ 3 秒，同时保持眼神交流以增强信任感。通常使用右手，要站直并微笑，展示自信和亲和力。一个良好的握手能够给人留下积极的第一印象，是职场必备的基本礼仪。

2．沟通

沟通在职场中非常重要，需注意礼仪细节。比如，邮件联络时要简明扼要地传递信息，使用专业的语言和格式，及时回复对方。电话交流时要保持礼貌，表达清晰，并注意倾听。面对面沟通时，要保持眼神交流并使用积极的肢体语言。无论何种方式，都要尊重他人的时间，避免信息过载。良好的沟通礼仪有助于建立高效的工作关系。

3．道歉

在工作中，如果与他人发生矛盾或冲突，造成不愉快，那么就事论事地真诚道歉就可以了。不必将其当成一件大事反复提起，那样反而会使得接受道歉的人更加不舒服。

4．乘坐电梯

电梯虽小，却是职场礼仪的重要展示舞台。陪同贵宾时，应当主动按电梯按钮，先行入内协助对方开门，为其选择楼层。在电梯内与贵宾保持适当距离，到达目的地时礼貌让行。这些细节都体现了一个人的修养和对他人的尊重。

日常乘电梯时，也应注意礼仪。先入者要往里移动为他人腾出空间，后来者需留意承载量，避免超载。若超载发生，后来者应主动退出；年轻人更应礼让长者。这些看似简单的行为，实则反映了一个人的职业素养和社交智慧，有助于营造和谐的工作氛围。

5．餐桌礼仪

中餐一般都使用圆桌，中间有圆形转盘放置食物，进餐时可将喜欢的菜夹到面前的小碟子中享用。

中餐的餐桌礼仪比较简单，需要留意以下要点。

（1）主客优先。主客还未动筷之前，自己不可以先吃；等主客夹菜后再动手。

（2）有人夹菜时，不要转动桌上的转盘；当需要转动转盘时，要留意有无碰到桌上的餐具或菜肴。

（3）不可一人独占喜爱的食物。

（4）避免使用太多餐具。

（二）交谈礼仪

1. 要注意交谈时的面部表情和动作

与领导或同事交谈时，应根据情况选择适当的注视方式：注视额头适合简短的公务交流；注视眼睛表示专注；注视眼睛至唇部适合社交场合。切记避免斜视和俯视，这可能会被误解为不尊重他人。同时，保持得体的微笑不仅能给他人留下良好印象，还能增强自信。

此外，控制不必要的肢体语言同样重要。交谈时应避免双手交叉、身体晃动、频繁变换姿势，或是触摸头发、耳朵、鼻子等，这些小动作可能被解读为不耐烦或缺乏兴趣。同样，边说话边玩笔等行为也被视为不礼貌。保持稳定、开放的肢体语言，能够传达出专业和尊重的态度，有助于建立良好的职场人际关系。

2. 注意掌握谈话的技巧

在多人交谈的场合中，应注意与每个人都有交流，并选择合适的话题。若发现话题不合适，应及时调整。面对他人的反驳，保持冷静和开放的态度至关重要。同时，善于倾听是有效沟通的关键。不要打断他人，给予对方充分表达的机会，在适当时机再提出自己的看法。点头、微笑等积极的反馈可以增进双方交流的愉悦感。这些技巧有助于营造和谐的交流氛围，促进双方相互理解。

把握告辞的时机同样重要。一般的拜访时间以 30 ~ 60 分钟为宜，而公务拜访则可根据需要调整时长。选择在交谈高潮后提出告辞较为得体，离开时应向主人及其家人表示感谢，尤其要向长辈告别。这些细节体现了对他人的时间和情感的尊重，有助于维护良好的人际关系。无论是日常社交还是职场交往，掌握这些沟通技巧和礼仪，能够让我们在人际交往中游刃有余，建立更广泛的人际关系网络。

二、职业道德

所谓职业道德，是指人们在一定的职业活动中所遵循的具有自身职业特征的道德规范以及与之相适应的道德观念、情操和品质。

在中国，历朝历代都推崇优秀的职业品德，例如，“天行健，君子以自强不息”“先天下之忧而忧，后天下之乐而乐”“人生自古谁无死，留取丹心照汗青”。尽管表达的角度各不相同，但其精神实质都是一样的——要通过自己的努力为国家和民族作出最大贡献。

现代职场人应该具备的职业道德可以概括为以下几方面。

（一）爱岗敬业

敬业是一种积极向上的职业态度，体现了个人对工作的热爱和尊重。它意味着员工能够以高度的责任感和专注度投入工作，不仅认真完成分内任务，还主动寻求改进和创新。敬业的人往往具有持续学习的精神，不断提升自身能力，同时也乐于与他人合作，为团队贡献力量。他们恪守职业道德，注重时间管理，追求高质量的工作成果。敬业不仅能提高个人工作效率，还能促进整个组织的发展，是事业成功的关键因素之一，是每个职场人都应该追求的重要品质。

（二）诚实守信

诚实守信是职场中的核心价值观之一，它体现了一个人的职业操守和个人品格。在职场中，诚实守信意味着言行一致，说到做到；如实汇报工作情况，不隐瞒问题；尊重他人的知识产权和劳动成果；严守商业秘密；对客户和合作伙伴保持诚实；遵守公司规章制度；准时守约；在团队中保持坦诚沟通；勇于承认错误并积极改正。这些品质不仅能赢得同事、上级和客户的信任，还能为自身的长远发展奠定坚实基础。

（三）办事公道

职场中的办事公道是指在工作中秉持公平、公正和正直的原则处理各种事务和人际关系。要求在做决策时不偏不倚，根据事实和个人实际表现来评判；在分配资源和机会时做到公平合理，不因个人好恶或私人关系而有所偏袒；在处理矛盾和冲突时保持中立立场，听取各方意见；在评价他人工作时客观公正，不受个人情感影响；在团队合作中尊重每个人的贡献，给予应得的认可。办事公道不仅能够赢得同事的尊重和信任，还能营造良好的工作氛围，提高团队效率，促进组织的健康发展。它是维护职场和谐、激发员工积极性的重要基石，也是一个优秀管理者和员工应当具备的关键品质。

（四）甘于奉献

就是全心全意为人民群众服务，时时刻刻为群众着想，急群众所急，忧群众所忧，乐群众所乐。

（五）奉献社会

就是全心全意为社会做贡献，忠于自己的本职，做好自己的工作。

延伸阅读

平凡之善：暖心的“爱心餐”

李家勤是一位退役老兵，2004 年与妻子在成都市新津区开了一家肥肠汤锅店。因年轻时受过帮助，李家勤夫妇决定以实际行动回馈社会。2022 年初，李家勤和妻子决定推出“爱心餐”计划，为有需要的人提供免费餐食。店里打印了醒目的告示单，告知顾客可以免费领取“爱心餐”。他们坚持不对申请“爱心餐”的人进行特殊对待，以保护他们的自尊心，也拒绝将善举用于宣传，而是希望通过无私的帮助传递爱心，鼓励更多人关注和帮助有需要的人。他们的故事在社区内外传递了正能量，赢得了广泛赞誉。

（资料来源：“中国退役军人”微信公众号）

★图 9-2　李家勤工作时的画面

第十章

退役军人考证指导

作为一名退役军人，如果想提升自己的职业竞争力，考取资格证是一个不错的选择。本章主要介绍考取资格证的重要性及考试要求、备考方法等方面的知识，并结合退役军人的实际情况，提供实用的指导和建议，帮助退役军人实现自己的职业梦想。

第一节　考证概述

职业资格是对从事某一职业所必备的学识、技术和能力的基本要求。职业资格包括从业资格和执业资格。从业资格是指从事某一专业（工种）学识、技术和能力的起点标准。执业资格是指政府对某些责任较大、社会通用性强、关系公共利益的专业（工种）实行准入控制，是依法独立开业或从事某一特定专业（工种）学识、技术和能力的必备标准。职业资格证书是国家对申请人专业（工种）学识、技术、能力的认可，是求职、任职、独立开业和单位录用的主要依据。

一、职场证书的重要性

（一）职业资格证书是个人能力的证明

职业资格证书是求职者个人具备某种职业能力的证明，能够向社会展示自己的技术和技能水平等信息。由于职业资格证书与职业岗位的具体要求关系密切，能更直接、更准确地反映特定职业实际工作者的能力，所以，获得标明自身技术、技能水平和职业资格的有效证书非常重要。职业资格证书是一种实际认证信息，它的效用在于能够证明持证者在职业活动中的实力。如果说学历证书是求职者就业的一块“敲门砖”，那么职业资格证书就是求职者打开就业之门的“通行证”。因为通过这一“窗口”，不仅反映出求职者的受教育程度、培训背景、工作阅历，而且还向社会展示出求职者自身在某方面的一技之长。职业资格证书的这种作用使就业更容易成功。

（二）职业资格证书具有“桥梁”作用

职业资格证书是连接“专业”与“职业”之间的桥梁，考取职业资格证书是求职者顺利步入社会、理想就业的途径之一。对于普通大学毕业生来说，步入社会便发现自己手中的文凭仅反映本人的专业学识水平，与人们直接从事的职业活动联系不密切，不像想象中的那样闪闪发光。同时，由于人才培养与市场需求出现的错位，再加上因为信息不全而引起的市场失灵，手捧“金饭碗”但就业到处碰壁的现象也不少见；或者好不容易找到一个工作，但工资收入不高，只能在不断就业与继续学习深造之间徘徊，成为回避就业“而不愿意长大的一代”。国家职业资格证书认证体系的建设，则架起了“专业”与“职业”之间的桥梁，实现了学历层次向职业资格的拓展。通过必要的培训、考核，获得相应的职业资格证书，便可以从自己专业的学历平台上架起通向理想职业的就业桥梁，拓展与自己专业相似或相近的职业，为自己找到一个就业的支点，从而“撬动”自己的事业。

二、退役军人考证的必要性

对于普通的求职者来说，取得职业资格证书、职业技能等级证书的意义非常重大。职业资格证书、职业技能等级证书是近年来选拔聘用人才的指标之一，相关领域从业人员需持证上岗成为发展趋势。退役军人走进职场后，考取一些实用的证书便显得尤为重要。

第一，职业资格证书、职业技能等级证书是劳动者求职、任职的一个重要的资格凭证，也是许多用人单位招聘、录用人员的一个主要依据。也就是说，如果拥有相应的资格证书，就能踏进这些用人单位的门槛；如果没有，就会被拒之门外。

第二，职业资格证书、职业技能等级证书对境外就业来说，也是办理技能水平公证的一个有效证件。现在许多海外企业也承认国内的相关证书。

第三，因为考取职业资格证书、职业技能等级证书有一个学习、培训、实操和考试认可的过程，所以，这些证书也能反映特定职业的实际工作水平。

因此，国家建立了职业认证体系，通过这一体系的建设，“专业”与“职业”结合得更加紧密，实现了学历和职业的有机结合，除了学历认定，也让劳动者的劳动能力得到有效的认定。

延伸阅读

从退役士兵到海上工匠，钦州市“浪花计划”让老兵们乘风破浪、征战星辰大海

近年来，在国家建设航运强国的战略背景下，高素质船员队伍缺口不断增大。广西钦州港开通集装箱航线70条，货物通达全球113个国家和地区的338个港口，成为西部陆海新通道主通道、中欧班列海铁联运枢纽港。蓬勃向上的向海经济发展形势，让钦州港等港口迫切需要大量与发展前景相匹配的高素质船员充实到一线船员队伍中去。

钦州市“浪花计划”持续发力，产教融合、学用结合，围绕向海图强，培训船员人才，拓宽就业渠道，做到人尽其才。立足实际不断调整、优化课程设置，在专业技能课的基础上开设“就业形势及政策分析”“角色转换与心理调适”“边海防建设”等特色课程，增加培训期间上船见习机会，强化实操能力培养，探索出了退役军人教育培训、就业的新路子。

2020年11月以来，钦州市“浪花计划”退役军人海（船）员培训班共举办10期，398名退役军人参加，367名退役军人取得海（船）员合格证，

考试通过率达 93%。钦州市还围绕“能用、能战”目标，优先把经过海（船）员培训的退役军人纳入海上民兵队伍，实现了“寓兵于民、平战结合”。

“参加技能培训是提高退役军人就业能力的有效途径，也是加快培养现代化建设人才的迫切需要。”广西壮族自治区退役军人事务厅的相关负责同志表示，“如何实现再就业、实现择优就业，是每一位退役军人都会面临的重大问题。海员工作单一不复杂，又能环游世界；海员证件和车辆驾驶证一样具有永久性，一次投资、终身受益；海员工资全球透明，工资水平在 8500 ~ 12000 元，是一份长期稳定的职业。”

（资料来源：《中国退役军人》杂志广西增刊）

第二节 退役军人如何选择自己需要考取的证书

退役军人考取证书，需要综合考虑自己的职业发展需求、时间精力以及经济能力，切不可盲目做决定。不同的证书对应不同的职业领域，如果目标不明确，可能会考取与自己职业规划不相关的证书，导致时间和金钱的浪费。

一、分析所在行业与岗位的要求

有的退役军人在投递简历时往往会搞错重点，求职的重点不是投递简历这个行为，而是一开始对岗位的理解以及后续一系列有针对性的准备工作。尽管每个职位的职责描述不同，招聘需求也有差别，但仍可以按照这样的思路来进行职位分析——对知识的要求、对技能的要求、对经验的要求、对素质的要求、对工作关系的要求。

1. 对知识的要求：最低学历是什么、专业是什么，具备什么证书、具备哪方面的知识。

2. 对技能的要求：能操作使用什么工具、具备什么能力。

3. 对经验的要求：具备哪些行业、组织、岗位的工作经历，之前做成过什么事，有什么作品或案例。

4. 对素质的要求：是什么样的人。比如，是主动的、谦虚的、有活力的、有责任心的、有亲和力的人。

5. 对工作关系的要求：需要对接哪些人、承担哪些职责；绩效考核的指标是什么，是否能够准确理解；工作中是单线汇报还是多线汇报；工作流程中，从哪里获取信息，和谁一起处理信息，将处理好的信息给谁；工作中的难点是什么。

二、分析自身发展的需要

自我发展就是提高自己的知识水平和技能水平等，增强自身竞争力，为经济和社会的发展作出应有的贡献。同时，自己的职务、职级、职称也有相应的提升。那么，如何分析自身发展需要呢？一般来说，主要包括技能发展需要、职业发展需要等。

从技能发展来说，需要持续学习本专业的知识，掌握最新的理论和实践成果，使自己的技能处于“待出鞘”的锋利状态。考取证书相当于对技能进行官方认证，通过阅读专业书籍、参加专业培训、参与行业交流等方式，自己的技能水平不被时代淘汰。此外，还要保持好奇心和求知欲，适时考取新的技能证书，以备不时之需。

从职业发展来说，需要提升工作效率，显著改善工作成效，更好地在职场中适应不断变化的市场需求和行业趋势。在法律、财务、建筑等职业领域，证书类似于“敲门砖”的角色，需要先具备执业资格，才能够获得行业准入资格。而在职业生涯中，考取证书不仅是评职称、涨工资的需要，更是提升自己职场含金量的必备途径。某个专业毕业的学生，从书本上学习到了相关知识，但在实际工作当中可能会遇到与书本知识截然不同的情境，这时考取某个证书则会使自己拥有结构化的知识体系，能够把学到的知识都归纳到对应的“知识库”当中。而对于学历较低的人，更可以通过备考对应证书，把自己在工作中的实际经验转化为成体系的知识，使工作更加得心应手。退役军人应当立刻行动起来，抓紧考取相应的资格证书，及时更新、丰富自己的“工具箱”。

第三节 职场常用证书介绍及报考方式

在当今竞争激烈的职场环境中，拥有相关的专业证书已成为求职者提升自身竞争力的重要手段之一。不同的证书对应不同的职业领域，对于职场人士来说，了解和选择适合自己的证书并掌握其报考要求，对于个人职业发展具有重要意义。本节将介绍一些职场中常用的证书，并简要说明其报考要求，希望能为有志于提升自身职业素质的退役军人提供有益的参考。

一、英语类证书

（一）CET4/6

CET4/6 指全国大学英语四、六级考试，有着普遍认可度和低价、低门槛的特点，性价比较高。尤其是改革后，笔试成绩和口试成绩在同一张成绩单上，含金量有所增加。还没有通过该考试的退役军人，可以从这一步开始。

报考网址：https://cet.neea.edu.cn/

（二）TEM4/8

TEM4/8 指英语专业四级和八级考试（简称“专四”和“专八”），一般只有英语专业的学生可以报考，个别学校非英语专业的学生通过大学英语六级考试后也可以报考。

如果你是英语专业的本科生，一定要通过专八考试，国内很多用人单位非常重视这个证书，在他们看来，这代表着英语的最高水平。

考试不合格，能够补考一次，而且必须在第二年考，不能推迟。补考合格后只颁发合格证书。

报名时间：每年的 11 月或 12 月，具体时间以各高校教务处的通知为准，凭所在高校的学生证集体报名——不接受其他学校学生的报名。

考试时间：每年 3 月上旬。考试合格后颁发的证书终身有效。

报考网址：http://tem.fltonline.cn/

（三）CATTI

全国翻译专业资格（水平）考试（China Accreditation Test for Translators and Interpreters）是一项国家级职业资格考试，已纳入国家职业资格证书制度，是一项在全国实行的、统一的、面向全社会的翻译专业资格（水平）认证。

具有一定外语水平的人员，不分年龄、学历、资历和身份，均可报名参加相应语种二、三级的考试。

报考网址：http://www.catti.center.com/

（四）TOEIC

TOEIC（Test of English for International Communication）的中文译为国际交流英语考试，目前 TOEIC 考试已被全球 50 多个国家的 4000 多个国有企业定为国际标准。

中国考生通过 TOEIC 考试将获得两张证书，一张是美国 ETS（ETS 为美国教育考试服务中心的英文缩写，它创建于 1947 年，是世界上最大的私立非营利性教育考试和评估机构）颁发的 TOEIC 成绩证书；另一张是我国人力资源社会保障部颁发的职业英语水平等级证书。由于该考试是日本政府委托美国 ETS 为其量身定制的，因此在日资企业具有权威性，被当作招聘、提拔员工时的英语能力考核指标。最近几年，许多韩资企业也开始认可 TOEIC 成绩。

往年认可或使用 TOEIC 成绩作为招聘要求之一的企业有中国银行、中国工商银行、中国建设银行、国家电网、中国石化、中国海油、中国移动、中国联通、南方航空、海南航空、宝洁、一汽集团、上海大众、沃尔沃、福特、施耐德、玛氏、三星、现代、佳能、松下、联想、华为等。

报考网址：http://toeic.cn/

二、财务类证书

（一）财务类证书概览

1. 会计职称：分为初、中、高级，其中，高级会计职称评审是考评结合模式，需要报考者有较高的专业水平和相应的学术成果。

报考网址：http://kzp.mof.gov.cn/

2. 注册会计师：即“CPA”，含金量高。

报考网址：https://cpaexam.cicpa.org.cn/

3. 税务师：如果在税务师事务所工作或在企业从事相应工作，考取该证书对自己的职业发展具有重要作用。

报考网址：https://ksbm.ecctaa.cn/mould2.html#/e/shuiwushi/login

4. 资产评估师：市场经济时代，资产评估师对于预测资产的未来价值趋势，帮助企业做正确决策具有重要作用。现在的大型企业，每进行一笔大额交易，都需要经过资产评估师的评估。

报考网址：https://c.exam-sp.com/#/asset/index

（二）财务人员考证建议

1. 财务人员数量虽然庞大，但是高层次的财务人员比较稀缺。注册会计师证书是财务领域最难考的证书，代表着财务方面的权威。有志于在财务领域长远发展的人应该努力通过该考试。

2. 初级会计职称和中级会计职称是必考的证书。在国企或大型私企，会计职称直接与个人薪酬挂钩。另外，企业管理岗招聘时，具备中级会计职称的人更受青睐。

3. 财务证书只是证明一个人具备了财务专业方面的能力，更重要的是实际工作能力。在实践中，人力资源部门会综合考虑员工的工作能力、综合素质、学历和证书等多方面情况，从而决定任用与否。

三、法律职业资格证书

（一）法律职业资格证书的价值

法律人才是国家紧缺的人才，各行各业都需要。比如，公检法系统、律师事务所、各级政府机关等。如果拿到了法律职业资格证书，就业范围是很宽广的。

（二）法律职业资格证书的分类

根据《国家统一法律职业资格考试实施办法》《法律职业资格管理办法》和法律职业资格管理实践，自 2021 年 1 月 1 日起，实行法律职业资格分类管理。将法律职业资格证书分为A类、B类、C类三类，并明确了法律职业资格证书的适用范围和衔接措施。

A类：符合《国家统一法律职业资格考试实施办法》第九条、第二十二条规定的条件，考试成绩达到全国统一合格分数线的，颁发A类法律职业资格证书。

B类：符合《国家统一法律职业资格考试实施办法》第二十三条规定的条件，申请享受放宽政策，考试成绩达到全国统一合格分数线的，颁发B类法律职业资格证书。

C类：符合《国家统一法律职业资格考试实施办法》第九条、第二十二条、第二十三条规定的条件，申请享受放宽政策，考试成绩达到放宽条件地区合格分数线的，颁发C类法律职业资格证书。

（三）法律职业资格证书的适用范围

A类法律职业资格证书在全国范围内有效；B类和C类法律职业资格证书的适用范围由国家统一法律职业资格考试协调委员会确定。

A类证书要求具有本科以上学历，考试成绩达到公布的国家统一合格分数线以上。获取该证书可在全国范围内从事法律职业；B类证书则属于国家规定放宽条件地区，报名学历为法律专科，当年考试成绩需达到国家统一合格分数线以上；C类证书同样属于国家规定的放宽条件地区，报名门槛与A类证书无差别，考试成绩需达到公布的放宽地区合格分数线。值得注意的是，C类证书只能在放宽条件地区执业。

报考网址：http://www.moj.gov.cn/jgsz/jgszzsdw/zsdwgjsfkszx/

四、驾驶证

（一）已在部队考取驾驶证的退役军人

有部队驾驶证的退役军人，可以凭借部队的军车驾驶证、《军车驾驶员基本信息登记表》、退出现役证、身份证、县级或部队团级以上医疗机构出具的有关身体条件证明，到交管局办理地方驾驶证。关于已经更换地方驾驶证的退役军人的驾龄接续问题，解决办法是可以增加备注信息，在“交管12123”App中备注自己在部队初次领取驾驶证的时间和车型，纸质的驾驶证不会再进行更改。

关于退役军人和军队文职人员更换地方驾驶证的流程时间，审批环节只有2个，15日就能完成。本人填写《机动车驾驶证换领申请表》，与军车驾驶证一并交本单位运输投送部门申请办理信息登记即可。

持军车驾驶证A证，可申请A1、A2、A3、B1、B2、C1、C2、C3准驾车型机动车驾驶证；持军车驾驶证B证，可申请A2、B1、B2、C1、C2、C3准驾车型机动车驾驶证；持军车驾驶证C证，可申请C1、C2、C3准驾车型机动车驾驶证。A、B车型需要考科目一和科目三，其他等级直接发证。

申请的地方驾驶证签注日期为达到该车型可驾驶年龄后的初次领证日期的年份，加上换领地方驾照的月份和日期，构成新的地方驾驶证签注日期。

（二）未在部队考取驾驶证的退役军人

驾驶证分多个类型，目前初次申领可考的驾驶证为：A3、B2、C1、C2、C3、C4、C5、D、E、F、M、N、P。只能通过增驾方式获得的驾驶证为：A1、A2、B1、C6。其中，C类驾驶证是多数人都需要用到的，所以下面简述C1驾驶证的考试流程。

C1驾驶证考试一般需要自行寻找驾校进行报名，如果有自考的车辆及设备，也可以不找驾校。报名之后，要进行体检，体检结果由驾校提交至车管所审核，审核通过后即可预约考试科目，要通过四个科目的考试才可以顺利拿到驾驶证。

科目一：考试内容主要是道路交通安全法律法规、行驶规则等理论知识，总分是100分。一共有100道题，及格线是90分，考试没有达到90分的，要进行补考，即重新预约考试。科目一的补考是不限次数的，但是需要交补考费。

科目二：考试主要内容是基础驾驶和场地驾驶的理论知识，项目有5个，分别是倒车入库、坡道定点停车与起步、侧方停车、曲线行驶和直角转弯。科目二的总分同样是100分，及格线为80分。科目二的考试机会有5次，除了初次考试，每一次预约补考都要交补考费。

科目三：考试内容主要是路考，也就是要去真正的道路上考试，一共有16个项目，满分同样是100分，及格线是90分。考试机会与科目二一样，补考均不过的，需要重新报考，从科目一开始考起。

科目四：考试内容主要是安全文明驾驶、紧急情况、事故处理等知识，主要是理论考试，一共有 50 道题，不仅有单选题，还有多选题、判断题。满分为 100 分，及格线是 90 分。

通过以上科目考试后，就可以领证宣誓。拿到驾驶证后有一年的实习期，在此期间上高速需要由持相应或者更高准驾车型驾驶证 3 年以上的驾驶人陪同。以上便是考驾驶证的流程，报考其他驾驶证同样如此，只是在学时、科目项目上会有所不同。

五、计算机证书

（一）全国计算机等级考试

全国计算机等级考试（National Computer Rank Examination）是经原国家教育委员会（现教育部）批准，由教育部教育考试院主办，面向社会，用于考查应试人员计算机应用知识与技能的全国性计算机水平考试体系。

（二）全国计算机等级考试证书的级别

1. 一级：操作技能级 / 信息素养。考核计算机基础知识及计算机基本操作能力，包括 Office 办公软件、图形图像软件、网络安全素质教育。

2. 二级：程序设计 / 办公软件高级应用级。考核内容包括计算机语言与基础程序设计能力，要求参试者掌握一门计算机语言，可选类别有高级语言程序设计类、数据库程序设计类等；还包括办公软件高级应用能力，要求参试者具有计算机应用知识及 Office 办公软件的高级应用能力，能够在实际办公环境中开展具体应用。

3. 三级：工程师预备级。考核面向应用、面向职业的岗位专业技能。

4. 四级：工程师级。面向已持有三级相关证书的考生，考核计算机专业课程，是面向应用、面向职业的工程师岗位证书。

（三）报考时间

全国计算机等级考试的时间为每年 3 月、5 月、9 月、12 月，其中，3 月和 9 月开考全部级别的全部科目，5 月和 12 月开考一、二级的全部科目，各省级承办机构根据情况决定是否举办 5 月和 12 月的考试。每次考试的具体报名时间由各省级承办机构规定，可登录各省级承办机构的网站查询。

（四）按成绩等第颁发证书

全国计算机等级考试实行百分制计分，但以等第形式通知考生成绩。成绩等第分为“优秀”“良好”“及格”“不及格”四等。90 ~ 100 分为“优秀”，80 ~ 89 分为“良好”，60 ~ 79 分为“及格”，0 ~ 59 分为“不及格”。考试成绩优秀者，在证书上注明“优秀”字样；考试成绩良好者，在证书上注明“良好”字样；考试成绩及格者，在证书上注明“合格”字样。

报考网址：https://ncre.neea.edu.cn/

延伸阅读

北京：退役士兵计算机操作员培训班开班

为进一步拓宽自主就业退役士兵就业创业渠道，提升其就业创业专业技能，增强其社会竞争力，北京市丰台区退役军人事务局充分发挥本区退役军人职业技能培训基地资源优势，联合扬帆职业技能培训学校举办退役士兵计算机操作员培训班。

有的参训学员表示：“此次培训内容丰富，实用性强。当前，计算机专业的就业前景还是比较广阔的，通过培训提升自己的计算机专业技能，我们对融入新的单位、新的岗位更有信心。”

丰台区退役军人事务局以退役军人就业为导向，在退役士兵返乡报到时，通过发放调查问卷摸清退役士兵的培训需求，依托本区退役军人职业技能培训基地，打通学校合作渠道，使退役士兵的技能培训不断专业化、规范化，同时结合辖区退役士兵的技能特点和岗位需求，丰富培训内容。目前已举办消防设施操作员培训、企业人力资源管理师培训、计算机操作员培训等课程，还面向在校退役大学生士兵开设暑期班等，形成培训上岗无缝衔接、创业创新主动谋划的工作总基调。

下一步，丰台区退役军人事务局将以“培训＋就业”“创业＋创新”为抓手，深入挖掘退役士兵的培训需求，主动对接用人单位，积极搭建培训平台，持续为退役士兵提供有特色、精细化、针对性强的教育培训服务，提升辖区退役士兵教育培养质效，帮助广大退役士兵快速融入社会，实现高质量就业创业。

（资料来源：退役军人事务部官网）

六、建筑类证书

（一）注册建造师

注册建造师分为一级建造师和二级建造师。两者的区别如下。

1. 报考条件。一级建造师对学历和工作年限的要求高，如大学专科学历至少要工作 6 年，博士学位至少工作 1 年；而二级建造师只需满足中等专科学历且工作 2 年以上即可报考。

2. 考试科目。一级建造师的考试科目由公共科目和专业科目组成，公共科目包括建设工程经济、建设工程法规及相关知识、建设工程项目管理；专业科目共有 10 个方向供考生进行选择，包括建筑工程、机电工程等。

二级建造师执业资格考试设建设工程施工管理、建设工程法规及相关知识、专业工程管理与实务 3 个科目。

（二）注册造价工程师

注册造价工程师由住房城乡建设部、交通运输部、水利部联合负责。

一级造价工程师由住房城乡建设部、交通运输部、水利部负责注册及相关工作。经批准注册的申请人，由住房城乡建设部、交通运输部、水利部核发《中华人民共和国一级造价工程师注册证》（或电子证书）。

二级造价工程师由各省、自治区、直辖市住房城乡建设、交通运输、水利行政主管部门按专业类别分别负责注册及相关工作。经批准注册的申请人，由各省、自治区、直辖市住房城乡建设、交通运输、水利行政主管部门核发《中华人民共和国二级造价工程师注册证》(或电子证书)。

(三)注册消防工程师

注册消防工程师是指经考试取得相应级别注册消防工程师资格证书，并依法注册后，从事消防技术咨询、消防安全评估、消防安全管理、消防设施检测、消防设施维护、消防安全监测、消防安全检查等消防安全技术工作的专业技术人员。

(四)注册安全工程师

注册安全工程师是指通过职业资格考试取得中华人民共和国注册安全工程师执业资格证书，并依法注册的专业技术人员，英文全称为 Certified Safety Engineer，简称 CSE。

报考网址：http://www.cpta.com.cn/

七、经济专业资格证书

(一)经济师

经济师是国家承认的从事经济工作人员的一种职称。要取得该类职称需要参加经济专业技术资格考试，实行全国统一考试制度，由全国统一组织、统一大纲、统一出题、统一评分标准。经济师被人力资源社会保障部列入国家职业资格目录，并得到了企事业单位、高校、银行、部分私企的认可。证书具有较高含金量。

自 2020 年起，经济专业技术资格分为初级、中级、高级 3 个级别。其中，初、中级经济师职称不需要评审，通过考试即具备相应级别的职称，有被聘用的资格。高级经济师则需要考试和评审均通过后才能具备相应级别的职称。

另外，人力资源社会保障部发布的《关于印发经济专业技术资格规定和经济专业技术资格考试实施办法的通知》中指出，从 2021 年开始，初、中、高级经济师专业由之前的 15 个调整为 10 个，具体为：工商管理、农业经济、财政税收、金融、保险、人力资源管理、旅游经济、运输经济、建筑与房地产经济、知识产权。

（二）报考条件

1. 初级经济师报考条件：凡中华人民共和国公民，遵纪守法并具有高中毕业以上学历者，均可报名参加经济专业初级资格考试。

2. 中级经济师报考条件：凡中华人民共和国公民，遵纪守法并具备下列条件之一者，可报名参加经济专业中级资格考试。

（1）中等专业学校毕业后从事专业工作满 10 年，取得经济专业初级资格（含 1992 年底以前通过国家考试获得的经济员资格或 1993 年 1 月 6 日前按照国家统一规定评聘的初级经济专业职务）。

（2）大学专科毕业后，从事专业工作满 6 年。

（3）大学本科毕业后，从事专业工作满 4 年。

（4）取得第二学士学位后或研究生班结业后，从事专业工作满 2 年。

（5）取得硕士学位后，从事专业工作满 1 年。

（6）取得博士学位。

按照规定，专业工作年限截止日期为 12 月 31 日。

已评聘非经济系列专业技术职务的在岗从事经济工作的人员，可同相应经济专业技术职称的人员一样，报名参加经济专业中级资格考试。

（三）报名流程

符合条件的报考人员，可在规定时间内登录中国人事考试网（www.cpta.com.cn）或当地人事考试网站在线填写、提交报考信息，并按有关规定办理资格审查及网上缴费手续。具体报名安排详见当年当地相关文件。报考人员凭准考证和身份证在规定的时间和地点参加考试。

八、导游资格证书

（一）导游资格证书简介

导游资格证书是成为正规导游所必备的证书，通过每年一次的导游资格考试即可获得。导游资格证书可以按照语言种类考试，笔试部分属于全国统考内容，现场考试部分按照报考语言划分不同，外语类导游资格证书可以带中文游客，反之则不行。

全国导游资格证书是全国通用，终身有效，由文化和旅游部编写试卷进行主考，通过考试后由文化和旅游部颁发证书，2017 年已经取消年审步骤。

（二）报考条件

1. 中华人民共和国公民。

2. 具有高中、中专或者以上学历。

3. 身体健康。

4. 具有适应导游需要的基本知识和语言表达能力。

（三）考试的语种及科目

1. 全国导游资格考试语种：分为中文和外语，其中，外语语种包括英语、日语、俄语、法语、德语、西班牙语、朝鲜语、泰语等。

2. 全国导游资格考试形式：分为笔试和现场考试（面试），其中，考试语种的区别主要体现在现场考试（面试）环节。

也就是说，无论考哪个语种，笔试环节的考试内容是一样的；另外，如果已经取得中文的导游资格证书，想要转语种，直接参加相关语种的现场考试（面试）即可。

现场考试（面试）中文类考试时间每人不低于 15 分钟，备考旅游景区不少于 12 个。在考核维度上，礼貌礼仪占 5%，语言表达占 20%，景点讲解占 45%，导游服务规范占 10%，应变能力占 10%，综合知识占 10%。

现场考试（面试）外语类考试时间每人不低于 25 分钟，备考旅游景区不少于 5 个。在考核维度上，礼貌礼仪占 5%，语言表达占 25%，景点讲解占 30%，导游服务规范占 10%，应变能力占 5%，综合知识占 5%，口译占 20%。

笔试环节一共有 4 个科目：政策与法律法规（科目一）、导游业务（科目二）、全国导游基础知识（科目三）和地方导游基础知识（科目四）。

其中，科目一和科目二合并在一张试卷上进行考试；科目三和科目四合并在一张试卷上进行考试。考试的题型包括判断题、单项选择题和多项选择题。满分均为 100 分。

报考网址：https://mr.mct.gov.cn/

九、教师资格证书

（一）教师资格证书简介

教师资格证书是教育行业从业教师的许可证，也是考取教师编制的必要条件，持有教师资格证书才有机会成为一名教师。具有教师资格证书的人员还可以参加“三支一扶”的支教、特岗教师考试。

（二）报考流程

1. 在中国教育考试网报名。
2. 注册个人基本信息。
3. 阅读考试承诺。
4. 阅读报考须知。
5. 填报个人信息。
6. 上传个人照片。
7. 打印准考证。
8. 参加考试。

（三）报考基本要求

1. 具有中华人民共和国国籍。
2. 遵纪守法，热爱教育事业。
3. 体检合格。
4. 符合《中华人民共和国教师法》规定的学历要求。

（四）具体学历要求

1. 取得幼儿园阶段教师资格，应当具备幼儿师范学校毕业及其以上学历。
2. 取得小学阶段教师资格，应当具备中等师范学校毕业及其以上学历。
3. 取得初级中学、初级职业学校文化、专业课教师资格，应当具备高等师范专科学校或者其他大学专科毕业及其以上学历。
4. 取得高级中学、中等专业学校、技工学校、职业高中文化课、专业课教师资格，应当具备高等师范院校本科或者其他大学本科毕业及其以上学历。
5. 取得高等学校教师资格，应当具备研究生或者大学本科毕业学历。

6．取得成人教育教师资格，应当按照成人教育的层次、类别，分别具备高等、中等学校毕业及其以上学历。

报考网址：https://www.neea.edu.cn/

延伸阅读

福建：首期省级退役军人教师资格证考试培训开班

2023 年 12 月 9 日上午，由福建省退役军人事务厅和福建师范大学联合举办的第一期省级退役军人教师资格证考试培训班，在福建师范大学仓山校区田家炳楼如期开班。100 名来自八闽大地、致力于成为人民教师的自主就业退役士兵将进行 3 个月的专项培训，为来年 3 月的教师资格证考试做准备。

开班式上，福建省退役军人事务厅和福建师范大学主要负责同志分别致辞。福建省退役军人事务厅和福建师范大学有关负责人、福建省退役军人关爱基金会主要负责人出席了活动。

福建省退役军人事务厅主要负责同志表示，此次培训班深入贯彻落实习近平总书记关于退役军人工作重要论述，按照《福建省促进优秀退役军人到中小学任教九条措施》和省厅与福建师范大学合作协议，围绕提高学员教学素养和技能，助力教师资格证考试这个目标展开，很有意义。百年名校福建师范大学素有崇军拥军爱军光荣传统和省内最好的教师培养实力。为了办好培训班，福建师范大学高度重视，精心组织。希望学员们珍惜机会，集中精力，专心学习，克服困难，排除干扰，真正学出成效，不辜负组织培养，对自己、对家人也有个交代；希望学员们锚定目标、奋勇争先，争取有更多学员通过培训，拿到教师资格证；希望学员们永葆本色、树好形象，保持军人优良作风，严格遵守国家法律法规和学校各项规章制度，共同树立福建退役军人永远听党话、感党恩、跟党走的良好形象，为今后各期培训班作出榜样和示范。

福建师范大学主要负责同志表示，此次培训班是厅校合作，共同贯彻落实习近平总书记关于退役军人工作重要论述的一项具体行动，也是落实双方签订《关于加强退役军人教育培训合作协议》的重要抓手，学校建立了专班协调推进各项前期工作，精心安排专栋住宿，组织一线专家、教授，认真制定相关课程，合理设置培训模块，力求突出针对性、增强实效性。在接下来的培训中，福建师范大学将带着特殊责任和深厚感情，努力搞好教学管理和服务保障，助力学员提升教师素养，帮助学员提升教师资格证的考试能力，切实帮助大家早日实现梦想，成为一名合格的人民教师。

福建师范大学小学教育系教师代表、厦门灌口小学“兵教师”代表、参训学员代表分别作了交流发言。开班式后，福建师范大学有关负责人为学员上了题为“我们为什么需要阅读经典”的第一堂课。

此次省级退役军人教师资格证考试培训班按照“1+2”（1个月线上+2个月线下）模式展开，第一阶段为线下课程，时间由2023年12月上旬至2024年1月下旬；第二阶段为线上教学，时间由2024年1月下旬至2月下旬；第三阶段为线下考前冲刺，时间为2024年3月上旬。其间，培训班将重点围绕小学教师资格考试的考前辅导、片段教学、试讲说课等内容进行有针对性的培训辅导。为了让学员们安心学习备考，福建省退役军人关爱基金会拿出专项资金，为全程参与培训的学员提供伙食补助。

（资料来源：福建省退役军人事务厅）

十、健身教练证书

（一）可报考职业

游泳救生员、社会体育指导员（游泳）、社会体育指导员（滑雪）、社会体育指导员（潜水）、社会体育指导员（攀岩）。

（二）考核内容

分为理论知识（100分）和实操考核（100分）两部分。理论知识采用电脑机考或纸质考试的考核方式，实操考核按照各职业项目考核实施细则组织考试，由考评员评定成绩。

考核实施细则查询、下载地址如下：

1. 游泳救生员：http://www.tyrc.org.cn/uploads/soft/200722/1-200H2100303.doc

2. 社会体育指导员（游泳）：http://www.tyrc.org.cn/uploads/soft/180828/1-1PRQF011.doc

3. 社会体育指导员（滑雪）：http://www.tyrc.org.cn/uploads/soft/180828/1-1PRQG047.doc

4. 社会体育指导员（潜水）：http://www.tyrc.org.cn/uploads/soft/180828/1-1PRQG111.doc

5. 社会体育指导员（攀岩）：http://www.tyrc.org.cn/uploads/soft/180828/1-1PRQG022.doc

（三）颁发证书

理论知识和实操考核均合格者（理论知识 60 分及以上、实操考核 60 分及以上），颁发人力资源社会保障部统一印制的国家职业资格证书，证书可在国家体育总局职业技能鉴定网络管理平台（www.sportosta.org.cn）、技能人才评价工作网（www.osta.org.cn）查询。

（四）鉴定报名

体育行业国家职业资格考试由各省（区、市）体育行业职业技能鉴定站组织，非全国统考，各个考核项目、考核时间根据培训情况具体安排，报名详情可咨询各省（区、市）体育行业职业技能鉴定站。

查询该网址，下载鉴定站联系方式：http://www.tyrc.org.cn/uploads/file/lxfs.xls

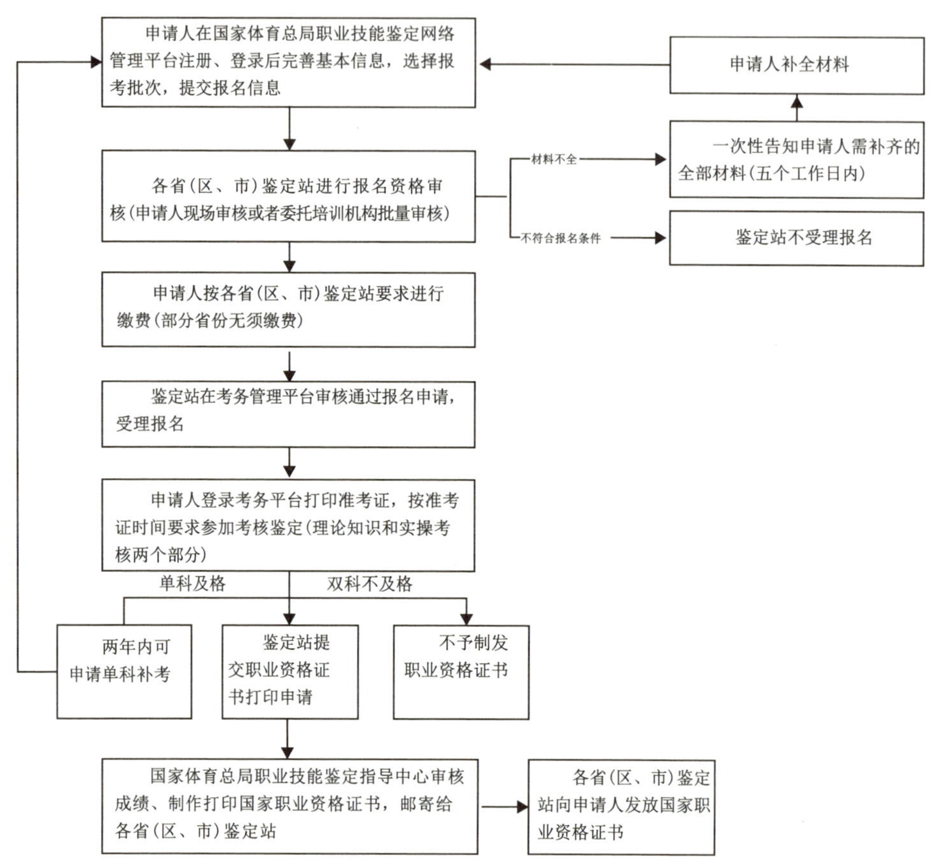

★图 10-1　体育行业职业技能鉴定方法

第十一章

求职中常见骗局及应对策略

退役军人在求职过程中可能会遇到各种各样的求职套路和骗局。本章主要从常见的求职骗局以及应对策略等方面进行阐述，旨在为广大退役军人的顺利求职提供指导和建议，让退役军人可以清楚识别求职陷阱，少走弯路，早日找到心仪的工作。

第一节　常见的求职骗局及陷阱

社会上有各种各样的人，其中会有一些想不劳而获的骗子，他们设计各种各样的骗局，使善良的人们上当，严重损害了群众利益。军人离开部队回到地方后，由于对地方的情况不熟悉，在供大于求、竞争激烈的人才市场上，为了尽快找到一份工作，面对各种招聘信息、招聘会，往往缺乏足够的警惕心。因此，广大退役军人要加强防范，小心谨慎，规避各种骗局。

一、试用期榨取劳动价值

《中华人民共和国劳动法》规定，在劳动合同中可以约定试用期。不少单位在与劳动者签订劳动合同时，出于对单位的负责会选择与劳动者约定试用期，通过试用期了解劳动者是否与单位的需求匹配。《中华人民共和国劳动法》规定，用人单位与劳动者约定试用期不得超过 6 个月，但在实践中，有些单位利用此规定将劳动者的试用期规定为 6 个月，在试用期临近尾声之际，将劳动者辞退。这种行为显然给劳动者带来了极大伤害，轻者说是无视劳动者的工作付出，重者讲是利用政策漏洞损害劳动者的合法权益，延误劳动者的求职时间，使其错过更好的就业机会。此外，有些单位将人员的频繁流动作为刺激劳动者提高工作效率的“助力剂”，美其名曰补充新鲜血液，促进单位发展，实则是对劳动者极大的不负责。

（一）试用期概念

试用期是指在劳动合同的期限内，用人单位与劳动者为相互了解对方而约定的考察期。

（二）试用期时长

《中华人民共和国劳动合同法》第十九条对试用期作了明确规定，具体还是要依据所签订的劳动合同期限来约定试用期。

关于试用期，以下几点须格外注意。

1. 同一用人单位与同一劳动者只能约定一次试用期，试用期包含在劳动合同期内，且最长不超过 6 个月。

2. 以完成某一工作任务为期限的劳动合同或者劳动合同期限不满 3 个月的，不得约定试用期。

3. 劳动合同仅约定试用期，则试用期不成立，该期限应计为劳动合同期限。

4. 试用期结束，用人单位须证明劳动者在此期间不符合单位的录用条件，才可解除劳动合同。即使劳动者确实未达到用人单位的需求，也应获得相应的报酬。

5. 劳动者在试用期内可以随时通知用人单位解除劳动合同，不需要理由，也不用承担违约责任。

退役军人与社会脱节较久，要注意避免落入用人单位的试用期陷阱，谨防用人单位损害自己的合法权益。

（三）试用期应当享有的企业福利

某人力资源机构在网上发布的关于广大网友对试用期的了解调查显示：近两成的网友认为试用期员工不能享受正式员工的福利；超过五成的网友认为试用期员工不得享受正式员工福利不符合法律规定；近两成的网友表示不

清楚这个问题。

处于试用期的员工可以享受用人单位的哪些福利呢？其权益与正式员工相差几何呢？

一般而言，用人单位给予员工的福利可分为两大类：一种是法定福利待遇，即用人单位必须给予的福利待遇，正式员工与试用期员工均可享受。包括但不限于社会保险、住房公积金、最低工资标准、带薪年休假及同工同酬险等。其中，社会保险是关涉员工权益的重要部分，试用期内不缴纳社会保险，允诺试用期过后，一次性补缴的陷阱不可胜数。乍一看似乎没有损失，但此种规定并不符合法律规定。此种做法的主要问题在于，若用人单位在试用期内解除与员工的劳动合同，补缴行为就不会发生，员工的权益会受到损害。试用期未到就离职的员工，用人单位仍然应当为其缴纳社会保险。退役军人须注意切勿掉入用人单位试用期内不缴纳社会保险的陷阱。

另一种是非法定福利待遇，用人单位享有决定权。通常而言，用人单位会将员工的此类福利待遇规定纳入本单位的规章制度或者合同中。若上述文件并未明确将试用期员工排除在外，那么试用期员工就可与正式员工一样享受同等福利。

（四）试用期内不得非法辞退员工

退役军人可能会遇到试用期不满即被辞退的情况，造成一些退役军人初入职场缺乏安全感。当在试用期内被辞退时，不要惶恐，而是要依据有关法律法规厘清被辞退的原因以及试用期所规定的辞退条件，从而确定辞退是否合理。

延伸阅读

《中华人民共和国劳动合同法》的相关规定

第二十一条规定："在试用期中，除劳动者有本法第三十九条和第四十条第一项、第二项规定的情形外，用人单位不得解除劳动合同。用人单位在试用期解除劳动合同的，应当向劳动者说明理由。"

第三十九条规定："劳动者有下列情形之一的，用人单位可以解除劳动合同：（一）在试用期间被证明不符合录用条件的；（二）严重违反用人单位的规章制度的；（三）严重失职，营私舞弊，给用人单位造成重大损害的；（四）劳动者同时与其他用人单位建立劳动关系，对完成本单位的工作任务造成严重影响，或者经用人单位提出，拒不改正的；（五）因本法第二十六条第一款第一项规定的情形致使劳动合同无效的；（六）被依法追究刑事责任的。"

第四十条规定："有下列情形之一的，用人单位提前三十日以书面形式通知劳动者本人或者额外支付劳动者一个月工资后，可以解除劳动合同：（一）劳动者患病或者非因工负伤，在规定的医疗期满后不能从事原工作，也不能从事由用人单位另行安排的工作的；（二）劳动者不能胜任工作，经过培训或者调整工作岗位，仍不能胜任工作的；（三）劳动合同订立时所依据的客观情况发生重大变化，致使劳动合同无法履行，经用人单位与劳动者协商，未能就变更劳动合同内容达成协议的。"

需要注意的是，用人单位可解除劳动合同的条件是"必须举证证明劳动者在试用期间不符合录用条件"。用人单位在试用期解除劳动合同的，应当向劳动者说明理由，不能随意解除劳动合同，否则用人单位可能面临经济赔偿的风险。退役军人须注意，在签订劳动合同时，一定要清楚地了解单位的录用条件，可以招聘广告的内容或与单位签订的试用期协议内容为录用条件，仔细了解单位对自己试用期考核的标准和评断方式，无论最终的考核成绩是一个简单的分数、一个复杂的综合结果，还是上级的评语，退役军人都有权并应当知悉。同时，用人单位有法定义务对试用期的退役军人进行考核，并保留相应的文件。退役军人切勿掉入用人单位单方面宣布的试用期不合格陷阱。

二、以工作为饵非法敛财

没有用人计划却大肆发放招聘广告，利用劳动者的求职焦虑非法敛财，巧借各种名目骗取劳动者的钱财，如培训费、报名费、保证金、体检费等。如非法中介招聘骗钱后携款潜逃，虚假广告招聘骗钱，“有关系走后门”招聘陷阱，“见面交费”招工陷阱等。劳动者求职心切，易心存侥幸，上当受骗的不在少数，然而交钱容易要钱难，当发现上当之时，往往求助无门。

三、以招聘之名盗用个人信息

骗子通过网络等渠道刊登待遇诱人的招聘广告，骗取求职者的个人信息，如身份证号码、身份证复印件、银行卡账号、银行卡复印件、手持身份证照片、手机号码等，然后进行非法活动：直接盗用账户、冒名购买黄牛票、办银行卡套现洗钱，甚至会专门做倒卖个人隐私的生意。

延伸阅读

以招聘兼职之名骗取个人信息

吴同学是广州某大学的一名应届生，3 月初，他看到不少同学的“朋友圈”里都出现了这样一条信息：“某某会展中心招志愿者，100 元一天，包餐。3 月到 4 月的周六日及广交会期间均可参加，工作时间从早上 9 点 30 分到下午5点，工作内容是馆内验票、维持秩序及设备巡查。男女不限，不收费用。请报名人员将姓名和QQ号码整理好后统一发至指定邮箱，2月28日截止，请尽快报名。还剩最后100个名额，先到先得！”这条信息让不少同学都感到心动，更让大家感到“放心”的是，该信息写明了报名地点、时间及联系方式等，甚至还提醒大家“不收取任何费用”。

于是，吴同学等人来到报名地点，找到了招聘负责人刘先生。刘先生的态度很好，并称因为系某某会展中心统一出账，所以要办理银行卡，并给了吴同学等人一张表格，要求填写身份证号码等个人信息，还要提交身份证复印件。资料填好后，刘先生向同学们表示，3月中下旬就有相应的兼职工作。然而，从报名点回来之后，同学们一直没有收到任何兼职工作的通知，反而频繁接到各种广告电话。

（资料来源：人力资源社会保障部官网）

其实类似的“假兼职”信息年年都有，这种诈骗虽然没有给当事人造成直接的经济损失，但当事人往往忽视了个人信息的价值。根据警方调查，这类假兼职的主要目的是骗取个人身份信息，尤其是身份证复印件，可以用来购买“黄牛票”或者“办银行卡”套现、洗钱等，实际危害可能比损失一两百元报名费还大。

四、粉饰职位信息骗取劳动力

一些职位由于工作内容不能吸引求职者的注意，于是就有一些公司打起坏主意，对职位进行粉饰，将职位描述得非常诱人，从而骗取求职者加入。例如，将保安门卫称为“安全主管”、打杂人员称为“行政经理”、拉业务人员称为“商务总监”、保险推销员称为“财务分析师”、电话客服称为“客户经理”，求职者满心欢喜报到之后，才发现上当了。

求职者的虚荣心作祟也是遭遇此类问题的主要原因。不要被听上去很体面的职位所迷惑，要仔细询问工作内容和细节，这是避免此类陷阱的方法之一。

延伸阅读

假借招聘管培生之名招聘保险推销员

上海某高校毕业生小陈某天接到国内一知名大型保险公司的电话，告知她已被该公司录取为“管理培训生”。小陈在兴奋之余不免纳闷，自己从未向该公司投送简历，他们怎会知道自己的电话？但小陈还是兴冲冲地来到该公司，去了才知道，原来是该公司从某招聘网站上的公开资料里“选”中了自己，所谓的“管理培训生”则被换成了“理财经理”，真实的工作内容就是做保险业务员，每天在格子间里通过电话去销售保险。小陈所学的专业与保险业没有任何关系，而且自己也不善言辞，对这个岗位根本不感兴趣。小陈找到经理提出离职，却被经理的一番话术糊弄过去，干满3个月才离职。

（资料来源：中国就业网）

五、高薪高职诱惑求职者

利用求职者对高薪高职的向往心理，部分用人单位往往以“经理”“储备干部”等一些“高大上”的职位名称来吸引求职者。求职者务必擦亮眼睛，因为天下没有免费的午餐。“捉迷藏”式诈骗、“双簧”式诈骗、“流窜”式诈骗都是常见手段。对于上述情形，求职者一定要做到以下几点。

首先，求职者要对个人能力及市场环境具备清晰的认知，千万要摒弃侥幸心理，而要以市场的平均工资水平作为求职的参考。高职、高薪、低要求的岗位，在当前的市场环境中出现的概率非常低，“一个萝卜一个坑”，用人单位不会盲目招聘，否则就可能是招聘陷阱。

其次，设置此类招聘陷阱的“用人单位”多为未经工商部门注册的非正规公司。求职者可通过以下方法进行甄别。一看公司，面试前可先登录该公司相关网站，对公司背景、相关新闻信息进行调查；二查官网，可登录国家企业信用信息公示系统对该公司的信息进行核实；三用软件，可利用天眼查、企查查等 App 对该公司的信息进行查询；四问朋友，可利用自己的人际网络，向身边的朋友咨询确认后，再去面试。

六、打“感情牌”骗钱

部分求职者欠缺职场经验，一些骗子特别是熟人专门向此类求职者下手，谎称自己有找工作的渠道，骗取“手续费”。一些退役军人容易感情用事，掉入“熟人”陷阱。

七、窃取劳动成果

这种情况主要出现在一些创业行业。一些规模较小的公司由于自身缺乏优秀人才进行创意设计，而聘请高水平的专业人员又需要付出较大代价，便以招聘为名来获取他人的劳动成果。

这些公司为骗取他人的劳动成果，往往有一套完整的招聘考核体系，从笔试、面试到索要作品，环环相扣。其招聘的职位、薪资福利、工作内容都很有吸引力，应聘者的笔试也会顺利进行，整个招聘过程看起来非常正规，好像没有问题。一旦应聘者提交作品，不久后就会被告知面试失败。直到某天应聘者发现自己的作品和创意被该公司无偿使用了，才知道被骗了。

八、以招聘之名进行传销

根据《中华人民共和国刑法》有关规定，组织、领导以推销商品、提供服务等经营活动为名，要求参加者以缴纳费用或者购买商品、服务等方式获得加入资格，并按照一定顺序组成层级，直接或者间接以发展人员的数量作为计酬或者返利依据，引诱、胁迫参加者继续发展他人参加，骗取财物，扰乱经济社会秩序的传销活动的，处五年以下有期徒刑或者拘役，并处罚金。

延伸阅读

传销与直销的区别

传销与传统意义上的直销截然不同。

首先，直销是一种合法销售的经营活动，而传销则多为空中楼阁。直销通常指厂家越过批发商或零售商，直接对准公众进行销售，无入门费，更无层层发展下线以及返利、晋升的模式。

其次，直销依托的是优质产品，产品本身正规、合法，在市场流通，有退换货保障机制，而传销则并非以产品为盈利模式，而是依靠发展下线数量收取费用。

司法实践中，传销活动人员在30人以上且层级在三级以上的，组织者、领导者将被依法追究刑事责任。对其他参与人员，将由市场监管部门责令其停止违法行为，处2000元以下的罚款。

（资料来源：央视新闻）

★图 11-1 公安民警揭开“高薪务工”背后隐藏的巨大利益链（图片来源：央视新闻）

九、网上求职时泄露信息

目前，网络求职便捷，不少退役军人选择通过网站、中介公司在网上大量投递简历，不少身份信息都是“必填项”，有的退役军人对就业市场环境不够了解，个人身份信息的保密意识不强，常常把个人信息不加防范地和盘托出，由此让一些不法分子钻了空子。根据我国有关法律的规定，用人单位可以获取求职者与工作内容相关的信息，一旦超过限度，可能涉嫌侵权和刑事犯罪。

（一）利用求职者信息骗领信用卡

此前，上海市公安机关侦破一起利用求职者简历伪造身份证、工作证骗领信用卡实施诈骗的案件。警方调查发现，2008 年以来，犯罪嫌疑人卢某共假冒 50 余人的身份骗领信用卡 100 余张，造成银行损失 48 万余元。目前，卢某已被依法逮捕。

（二）将求职者信息出卖给营利机构

网络招聘是求职者找工作、用人单位招聘人才的重要渠道。人力资源社会保障部数据显示，截至 2023 年 2 月，5.91 万家人力资源服务机构每年为 3.04 亿人次劳动者提供各类就业服务，为 5099 万家用人单位提供专业支持。随着大数据、5G 等新一代信息技术加快普及，处于高速成长期的人力资源服务行业也驶入了数字化转型的“快车道”。网络招聘在为求职者提供快捷便利服务的同时，也出现了部分求职者投递简历后屡遭陌生来电和短信骚扰，甚至陷入非法传销、情色招聘陷阱等现象。

第二节　遇到求职骗局的应对策略

遇到求职骗局或陷阱，应该如何应对？本节按照求职的阶段为退役军人应对骗局或陷阱提供应对策略，避免广大退役军人在求职过程中掉入求职陷阱或者遭受求职骗局。

一、应聘前仔细甄别招聘信息

（一）求职者应树立正确的求职观念

求职者要坚决对“免费的午餐”“天上掉下来的馅饼”说“不”，“糖衣炮弹”背后藏着满满的套路。在网上求职时尤其应当谨慎辨别此类招聘信息，注意电脑背后可能是虎视眈眈的骗子。

（二）选择正当可靠的就业服务或者招聘平台

1．全国性一站式就业服务平台——“就业在线”（www.jobonline.cn）

就业政策、全国招聘会信息、招聘专场……在这里均可找到，入职后还可以反馈评价。

2．中国公共招聘网（www.job.mohrss.gov.cn/）

包含中央和国家机关所属事业单位公开招聘服务平台、各省事业单位招聘信息、各省公共就业人才服务网站等。

3．国家大学生就业服务平台（www.ncss.cn/）

包含全国各省区市高校就业服务网站、毕业生就业指导网课、网上校园招聘等。在国家大力提倡大学生入伍的政策背景下，该网站面向退役的大学生士兵提供可靠的就业服务。

★图 11-2 国家大学生就业服务平台官方网站界面

4. 中国国家人才网（www.newjobs.com.cn）

★图 11-3 中国国家人才网官方网站界面

5. 中国人事考试网（http://www.cpta.com.cn）

★图 11-4 中国人事考试网官方网站界面

二、入职时提高维权意识

（一）规避劳动合同骗局

劳动合同是判定劳动者与用人单位权利义务关系的重要依据，也是劳动者权益保障的重要法律凭证。用人单位应当依法与劳动者签订劳动合同，须履行合同告知义务、禁止就业歧视。一方面，用人单位应如实告知劳动者工作内容、工作条件、工作地点、职业危害、安全生产状况、劳动报酬，以及劳动者要求了解的其他情况；另一方面，用人单位不可因劳动者性别、年龄、种族等人的自然差别而给予就业歧视。劳动合同涉及用人单位在订立书面劳动合同、无固定期限劳动合同、试用期、工资待遇和休息休假等方面的法律义务。劳动者在签订合同时须注意以下合同陷阱。

1．霸王合同。用人单位以强凌弱，利用劳动者的弱势地位，将一些明显不合理的条款强加给劳动者，劳动合同中到处是“由甲方决定”“按照甲方的相关规定执行”等字样，严重偏袒用人单位。

2．暗箱合同。此类合同条款的制定完全是单方面的，权利和义务一边倒。对于劳动者而言，义务多权利少；用人单位极力限制劳动者的权利，在签订劳动合同时不与劳动者协商，也不向劳动者讲明合同内容。

3．口头合同。不签订书面正式文本，用人单位只与劳动者口头约定。当发生了违反口头协议的事情时，因为没有正式文本文件，用人单位就可以逃避责任。

4．格式合同。此类格式合同并非劳动部门制定的格式合同，而是仿照正规合同制定的合同文本，条款内容表述含糊，借口是格式合同，不给劳动者修改具体条款的机会。一旦发生劳动纠纷，用人单位就会利用合同的漏洞为自己辩护。

5．阴阳合同。一些用人单位慑于有关部门的监督检查，往往与劳动者签订两份合同，一份合同用来应付有关部门的检查，另一份合同才是双方真正履行的合同。

6．押金合同。用人单位在劳动合同中以各种名目向劳动者收取风险基金、保证金、抵押金等，或是为了限制劳动者的离开，或是以劳动者违反协议为借口，侵吞劳动者的押金。

【为您支着】

对于种种合同陷阱或骗局，劳动者要注意在签订合同前仔细阅读合同内容，对疑问处一定要大胆质疑，同时要学会用法律维护个人的利益。2008 年 1 月 1 日，《中华人民共和国劳动合同法》就已正式实施，正规合法的劳动合同应具备《中华人民共和国劳动合同法》规定的合同期限、工作内容和地点、休息休假、劳动报酬、社会保险，以及劳动保护、劳动条件和职业危害防护等内容。如果发现违规合同，应当果断拒签，并向劳动保障监察部门投诉举报。

（二）劳动者依法获得劳动报酬的权利

获取劳动报酬既是劳动者履行劳动义务后最基本的权利，也是劳动者生存和发展的物质保障。用人单位应当依法向劳动者支付劳动报酬。

（三）劳动者依法享有劳动安全卫生保护的权利

重大责任安全事故和职业病的发生，严重损害了劳动者的生命安全和身体健康。为保护劳动者合法权益，《中华人民共和国劳动法》和《中华人民共和国安全生产法》等规定，用人单位必须为劳动者提供符合国家规定的劳动安全卫生条件和必要的劳动防护用品，对从事有职业危害作业的劳动者和未成年工应当定期进行健康检查、禁止安排有损女职工和未成年工身体健康的劳动等，以保护劳动者的生命安全和身体健康。

（四）劳动者依法享受用人单位缴纳社会保险的权利

社会保险是国家制定的为丧失劳动能力、暂时失去劳动岗位或因健康原因造成损失的劳动者提供收入或补偿的一种社会保障制度。缴纳社会保险是用人单位和劳动者的共同义务，且是法定义务，不允许当事人相互减免。

（五）用人单位有不得非法解除或终止劳动合同的义务

依法解除或者终止劳动合同，是用人单位人事管理权的重要内容。如果用人单位滥用劳动合同的解除权或者终止权，就要按经济补偿金的双倍处罚承担法律责任。

（六）用人单位有尊重职工民主管理权利的义务

劳动者通过工会或者其他形式，享有对所在企业或者单位的民主管理、民主监督、民主决策的权利，用人单位应当切实保障劳动者的民主管理权利。

三、遭遇骗局时及时使用法律武器

（一）了解相关法律法规

1. 法律法规

（1）《中华人民共和国民法典》；

（2）《中华人民共和国劳动法》；

（3）《中华人民共和国劳动合同法》；

（4）《中华人民共和国劳动争议调解仲裁法》；

（5）《中华人民共和国劳动合同法实施条例》；

（6）《中华人民共和国就业促进法》；

（7）《中华人民共和国网络安全法》；

（8）《女职工劳动保护特别规定》。

2．司法解释

（1）《最高人民法院关于审理劳动争议案件适用法律若干问题的解释》《最高人民法院关于审理劳动争议案件适用法律若干问题的解释（二）》《最高人民法院关于审理劳动争议案件适用法律若干问题的解释（三）》《最高人民法院关于审理劳动争议案件适用法律若干问题的解释（四）》；

（2）《最高人民法院关于审理拒不支付劳动报酬刑事案件适用法律若干问题的解释》；

（3）《最高人民法院关于人民法院对经劳动争议仲裁裁决的纠纷准予撤诉或驳回起诉后劳动争议仲裁裁决从何时起生效的解释》；

（4）《最高人民法院关于审理劳动争议案件诉讼当事人问题的批复》。

3．司法性质文件

（1）《人力资源社会保障部　最高人民法院关于联合发布第一批劳动人事争议典型案例的通知》；

（2）《人力资源社会保障部　最高人民法院关于联合发布第二批劳动人事争议典型案例的通知》。

（二）常见求职骗局的应对方法

1．黑中介。“黑中介”是指其职业介绍活动带有明显的欺诈和违规收费行为，损害了广大求职者利益的中介群体。

《中华人民共和国就业促进法》第六十四条规定：“违反本法规定，未经许可和登记，擅自从事职业中介活动的，由劳动行政部门或者其他主管部门依法予以关闭；有违法所得的，没收违法所得，并处一万元以上五万元以下的罚款。”

2．未签订书面劳动合同。根据《中华人民共和国劳动合同法》（以下简称《劳动合同法》）第八十二条，用人单位自用工之日起超过一个月不满一年未与劳动者订立书面劳动合同的，应当向劳动者每月支付二倍的工资。用人单位违反本法规定不与劳动者订立无固定期限劳动合同的，自应当订立无固定期限劳动合同之日起向劳动者每月支付二倍的工资。

延伸阅读

典型案例一

2015 年 8 月 18 日，毕某入职重庆市某旅游休闲用品有限公司（以下简称公司）并担任管理工作，但双方没有签订书面劳动合同。2016 年 1 月 10 日，在公司口头通知毕某解除劳动合同时，双方产生劳动争议纠纷。

法院认为，双方当事人之间存在事实劳动关系，作为用人单位既不能举证证明毕某的职责范围包括订立劳动合同的行为，也没有证据证明公司向毕某提出签订劳动合同而被拒绝的事实。因此，对于双方没有签订书面劳动合同的事实，毕某没有过错。依据劳动法规定，自用工之日起一个月内未与劳动者签订书面劳动合同的，用人单位应当承担责任期间双倍工资处罚的不利法律后果。

典型案例二

小莫在某企业连续工作十年后，向企业提出了签订无固定期限的劳动合同，但遭到了拒绝。后来企业与小莫签订了固定期限劳动合同，小莫不服，遂提起劳动仲裁，要求企业签订一份无固定期限的劳动合同。仲裁委认为，根据法律规定，用人单位应当与其劳动者订立无固定期限劳动合同，裁决公司补签。除劳动者书面提出签订固定期限劳动合同外，满足签订无固定期限劳动合同条件的，用人单位应及时与劳动者签订；用人单位与劳动者未签订无固定期限劳动合同而签订了固定期限劳动合同或未签订劳动合同的，应及时进行补签。

典型案例三

小艳于 2018 年 10 月入职某财务公司，2020 年 7 月离职。在职期间，公司未与小艳订立书面劳动合同。2020年9月，小艳申请仲裁要求公司支付2018年11月至2019年10月未签劳动合同的第二倍工资48800元。《劳动合同法》第十条规定："已建立劳动关系，未同时订立书面劳动合同的，应当自用工之日起一个月内订立书面劳动合同。"依查明的情况，公司未与小艳签订书面劳动合同，故应向劳动者支付用工之日起超过一个月不满一年时间的每月二倍的工资。劳动合同应及时签订，未及时签订的，应自用工之日起一个月内及时补签。

（资料来源：中国裁判文书网）

3．无休止的试用期。以下3种情形，用人单位与劳动者不得约定试用期：（1）以完成一定工作任务为期限的劳动合同；（2）劳动合同的期限不满3个月；（3）非全日制用工。

根据《劳动合同法》第八十三条，用人单位违反本法规定与劳动者约定试用期的，由劳动行政部门责令改正；违法约定的试用期已经履行的，由用人单位以劳动者试用期满月工资为标准，按已经履行的超过法定试用期的期间向劳动者支付赔偿金。

4．用人单位不履行法定义务或招聘宣传与实际不符。

（1）劳动者可以解除劳动合同。根据《劳动合同法》第三十八条，用人单位有下列情形之一的，劳动者可以解除劳动合同：

① 未按照劳动合同约定提供劳动保护或者劳动条件的；

② 未及时足额支付劳动报酬的；

③ 未依法为劳动者缴纳社会保险费的；

④ 用人单位的规章制度违反法律、法规的规定，损害劳动者权益的；

⑤ 因本法第二十六条第一款规定的情形致使劳动合同无效的；

⑥ 法律、行政法规规定劳动者可以解除劳动合同的其他情形。

用人单位以暴力、威胁或者非法限制人身自由的手段强迫劳动者劳动的，或者用人单位违章指挥、强令冒险作业危及劳动者人身安全的，劳动者可以立即解除劳动合同，不需事先告知用人单位。

（2）向当地劳动行政部门求助。根据《劳动合同法》第八十五条，用人单位有下列情形之一的，由劳动行政部门责令限期支付劳动报酬、加班费或者经济补偿；劳动报酬低于当地最低工资标准的，应当支付其差额部分；逾期不支付的，责令用人单位按应付金额百分之五十以上百分之一百以下的标准向劳动者加付赔偿金：

①未按照劳动合同的约定或者国家规定及时足额支付劳动者劳动报酬的；

②低于当地最低工资标准支付劳动者工资的；

③安排加班不支付加班费的；

④解除或者终止劳动合同，未依照本法规定向劳动者支付经济补偿的。

（三）劳动合同的相关问题

1．用人单位解除劳动合同，无须支付经济补偿的10种情形：

（1）劳动者提出解除劳动合同，用人单位同意并发出解除劳动合同通知的；

（2）劳动者在试用期间被证明不符合录用条件的；

（3）严重违反用人单位的规章制度的；

（4）严重失职，营私舞弊，给用人单位造成重大损害的；

（5）劳动者同时与其他用人单位建立劳动关系，对完成本单位的工作任务造成严重影响，或者经用人单位提出，拒不改正的；

（6）劳动者以欺诈、胁迫的手段或者乘人之危，使用人单位在违背真实意思的情况下订立或者变更劳动合同的；

（7）被依法追究刑事责任的；

（8）自用工之日起一个月内，经用人单位书面通知后，劳动者不与用人单位订立书面劳动合同的；

（9）非全日制用工；

（10）违反劳动纪律。

这里需要特别提醒的是，用人单位突然、临时解除劳动合同往往不符合规定，用人单位须承担经济赔偿的责任。

2．劳务派遣单位的法律责任。劳务派遣是由派遣单位、用工单位和劳动者三方所构成。此时，用工单位与劳动者之间不具有劳动关系。

根据《劳动合同法》第九十二条，违反本法规定，未经许可，擅自经营劳务派遣业务的，由劳动行政部门责令停止违法行为，没收违法所得，并处违法所得一倍以上五倍以下的罚款；没有违法所得的，可以处五万元以下的罚款。

劳务派遣单位、用工单位违反本法有关劳务派遣规定的，由劳动行政部门责令限期改正；逾期不改正的，以每人五千元以上一万元以下的标准处以罚款，对劳务派遣单位，吊销其劳务派遣业务经营许可证。用工单位给被派遣劳动者造成损害的，劳务派遣单位与用工单位承担连带赔偿责任。

延伸阅读

劳动合同用工与劳务派遣用工的区别

根据《劳动合同法》第六十六条，劳动合同用工是我国的企业基本用工形式。劳务派遣用工是补充形式，只能在临时性、辅助性或者替代性的工作岗位上实施。

前款规定的临时性工作岗位是指存续时间不超过六个月的岗位；辅助性工作岗位是指为主营业务岗位提供服务的非主营业务岗位；替代性工作岗位是指用工单位的劳动者因脱产学习、休假等原因无法工作的一定期间内，可以由其他劳动者替代工作的岗位。

用工单位应当严格控制劳务派遣用工数量，不得超过其用工总量的一定比例，具体比例由国务院劳动行政部门规定。

（资料来源：《中华人民共和国劳动合同法》）

【附录：政策选编】

附录 1

关于促进新时代退役军人就业创业工作的意见

退役军人部发〔2018〕26 号

各省、自治区、直辖市党委组织部、政法委，政府办公厅、教育厅（局）、公安厅（局）、民政厅（局）、财政厅（局）、人力资源社会保障厅（局）、国资委、扶贫办，国家税务总局各省、自治区、直辖市、计划单列市税务局，各战区、各军兵种、军委机关各部门、军事科学院、国防大学、国防科技大学、武警部队政治工作部（局、处）：

退役军人是重要的人力资源，是建设中国特色社会主义的重要力量。促进他们就业创业、引导他们积极投身“大众创业、万众创新”实践，对于更好实现退役军人自身价值、助推经济社会发展、服务国防和军队建设具有重要意义。新时代退役军人就业创业工作要以习近平新时代中国特色社会主义思想为指导，坚持政府推动、政策优先，市场导向、需求牵引，自愿选择、自主作为，社会支持、多方参与，调动各方面力量共同推进，保障退役军人在享受普惠性就业创业扶持政策和公共服务基础上再给予特殊优待。现就促进退役军人（自主就业退役士兵、自主择业军转干部、复员干部）就业创业工作提出如下意见。

一、提升就业创业能力

（一）完善多层次、多样化的教育培训体系

将退役军人就业创业培训纳入国家学历教育和职业教育体系，依托普通高校、职业院校（含技工院校）等教育资源，促进现役军人与退役军人教育培训相衔接、学历教育与技能培训互为补充，改善知识结构，提升能力素质。

（二）开展退役前技能储备培训

组织开展退役前技能储备培训和职业指导，深入开展“送政策进军营”活

动，加强经济社会发展和就业形势介绍、政策咨询、心理调适、“一对一”职业规划，有条件的部队可在军人退役前开展技能培训，努力把退役军人服役期间锤炼的品质转化为就业创业的优势。

（三）加强退役后职业技能培训

引导退役军人积极参加职业技能培训，退役后可选择接受一次免费（免学杂费、免住宿费、免技能鉴定费）培训，并享受培训期间生活补助。教育培训期限一般为 2 年，最短不少于 3 个月。督促指导承训机构突出提高社会适应能力和就业所需知识及技能，按需求进行实用性培训，开展“订单式”“定向式”“定岗式”培训，推进培训精细化、个性化。坚持谁培训、谁推荐就业，压实目标责任，提高就业成功率。

（四）推行终身职业技能培训

将退役军人纳入国家终身职业技能培训政策和组织实施体系，鼓励用人单位定期组织退役军人参加岗位技能提升和知识更新培训。对下岗失业退役军人，及时纳入失业人员特别职业培训计划、职业技能培训等范围，并按规定予以补贴。

（五）鼓励参加学历教育

鼓励各地将符合高考报名条件的退役军人纳入高等职业院校单独考试招生范围。退役军人参加全国普通高考、成人高考、研究生考试，符合条件的可享受加分照顾，同等条件下优先录取。成人高校招生专升本免试入学，服役期间立二等功以上且符合报考条件的，可申请免初试攻读硕士研究生。退役军人接受中等职业教育可实行注册入学。中等职业教育期间，按规定享受免学费和国家助学金资助；对退役一年以上、参加全国统一高考，考入全日制普通本科和高专高职学校的自主就业退役士兵，学历教育期间按规定享受学费资助和相关奖助学金资助，家庭经济困难退役士兵享受学生生活费补助。国家鼓励军人服役期间参加开放教育、自学考试等学历继续教育，退役后可根据需要继续完成学业，获得相应国民高等教育学历文凭。

（六）加强教育培训管理

建立退役军人职业技能承训机构目录、承训企业目录和普通高校、职业学校目录，及时向社会公开并实行定期考核、动态管理。各类目录由省级退役军人事务部门每年发布。经省级退役军人事务部门同意，退役军人可参加跨省异地教育培训。加强对承训单位教育培训质量考核，建立激励机制。

二、加大就业支持力度

（七）适当放宽招录（聘）条件

机关、社会团体、企业事业单位在招收录用工作人员或聘用职工时，对退役军人的年龄和学历条件适当放宽，同等条件下优先招录聘用退役军人。

（八）加大公务员招录力度

在军队服役5年（含）以上的高校毕业生士兵退役后可以报考面向服务基层项目人员定向考录的职位，同服务基层项目人员共享公务员定向考录计划，优先录用建档立卡贫困户家庭高校毕业生退役士兵。各地特别是边疆地区、深度贫困地区结合实施乡村振兴、脱贫攻坚等战略，设置一定数量基层公务员职位面向退役军人招考，西藏和四川、云南、甘肃、青海四省藏区以及新疆南疆地区县乡逐步扩大招考数量。各级党政机关在组织开展选调生工作时，注意选调有服役经历的优秀大学生。适当提高政法干警招录培养体制改革试点定向招录退役军人比例，应征入伍的高校毕业生退役后报考试点班的，教育考试笔试成绩总分加10分。有效拓宽从反恐特战等退役军人中招录公安机关人民警察渠道。

（九）拓展就业渠道

研究制定适合退役军人就业的岗位目录，提高退役军人服务保障以及安保等岗位招录退役军人的比例，辅警岗位同等条件下优先招录退役军人。选派退役军人参与社会治理、稳边固边、脱贫攻坚等重点工作，鼓励退役军人到党的基层组织、城乡社区担任专职工作人员。

（十）鼓励企业招用

吸纳退役军人就业的企业，符合条件的可享受相关税收优惠。对退役军人就业作出突出贡献的企业，给予表彰、奖励。

（十一）强化就业服务

各级公共就业服务机构设立退役军人窗口或实行退役军人优先制度，为其提供便捷高效服务。县级以上地方人民政府每年至少组织2次退役军人专场招聘活动，为其就业搭建平台。国家鼓励专业人力资源企业和社会组织为退役军人就业提供免费服务。

（十二）实施后续扶持

建立退役军人就业台账，实行实名制管理，动态掌握就业情况，对出现下岗失业的，及时纳入再就业帮扶范围。接收退役军人的单位裁减人员的，优先留用退役军人。单位依法关闭、破产、改制的，当地人民政府优先推荐退役军人再就业，优先保障退役军人合法权益。

三、积极优化创业环境

（十三）开展创业培训

组织有创业意愿的退役军人，依托专业培训机构和大学科技园、众创空间、网络平台等，开展创业意识教育、创业项目指导、企业经营管理等培训，增强创业信心，提升创业能力。加强创业培训质量评估，对培训质量好的培训机构给予奖励。

（十四）优先提供创业场所

政府投资或社会共建的创业孵化基地和创业园区可设立退役军人专区，有条件的地区可专门建立退役军人创业孵化基地、众创空间和创业园区，并按规定落实经营场地、水电减免、投融资、人力资源、宣传推广等优惠服务。

（十五）享受金融税收优惠

符合条件的退役军人及其创办的小微企业可申请创业担保贷款，并按国家规定享受贷款贴息。鼓励有条件的地方因地制宜加大对退役军人就业创业的支持力度。退役军人从事个体经营，符合条件的可享受国家相关税收优惠。适时研究完善支持退役军人就业创业的税收优惠政策。

（十六）探索设立创业基金

引导企业和社会组织积极扶持退役军人创业，鼓励社会资本设立退役军人创业基金，拓宽资金保障渠道。

四、建立健全服务体系

（十七）搭建信息平台

加强信息化建设，形成全国贯通、实时共享、上下联动的退役军人就业创业服务信息平台，充分运用大数据，畅通信息渠道，促进供需有效对接，为退役军人就业创业提供精准服务。

（十八）建立指导队伍

组织动员创业经验丰富、关爱退役军人、热心公益事业的企业家和专家学者等人员，组成退役军人就业创业指导团队，发挥其在职业规划、创业指导、吸纳就业等方面的传帮带作用。

（十九）建设实训基地

依托现有专为退役军人服务的机构，按照分级分类管理原则，加快建立优势互补、资源共享、专为退役军人服务的区域化实训基地，将其纳入国家政策支持范围，给予适当补助。

（二十）引导多元服务

积极倡导全社会共同参与退役军人就业创业，把政府提供公共服务、社会力量补充服务、退役军人自我服务结合起来，支持为退役军人就业创业服务的社会组织依法开展工作。

五、切实加强组织领导

（二十一）健全工作机制

要把退役军人就业创业工作作为一项政治任务摆上重要议事日程，健全工作机制，统筹协调、组织指导退役军人就业创业工作，重点做好研究制定政策、拟定实施方案、选定承训单位和就业创业指导服务机构、开展监督考评等重要事项。

（二十二）明确任务分工

退役军人事务部门负责退役军人就业创业的组织协调、宣传发动、监督考评等工作。教育部门负责推荐并指导所属教育培训机构做好招生录取、教学管理、就业推荐等组织实施工作。财政部门负责退役军人就业创业经费的安排与监管工作。人力资源社会保障部门负责指导职业培训机构、公共就业服务机构为退役军人提供职业技能培训、基本公共就业服务。军地有关部门按照职责共同做好退役军人就业创业相关工作。

（二十三）严格追责问责

要把退役军人就业创业工作纳入年度绩效考核内容，加强监督检查，严格追踪问效，确保政策落实落地。对在中央政策之外增设条件、提高门槛的，坚决予以清理和纠正；对政策落实不到位、工作推进不力的，及时进行督查督办；对严重违反政策规定、造成不良影响的，严肃追究相关人员责任。

（二十四）强化宣传教育

加强退役军人思想政治和择业观念教育，帮助他们尽快实现角色转换，顺利融入社会，退役不褪色、退伍不褪志，继续保持发扬人民军队的光荣传统和优良作风，在社会主义现代化建设事业中再立新功、赢得全社会尊重。同时，大力宣传退役军人就业创业典型，弘扬自信自强、积极向上的精神风貌。宣传社会各界关心支持退役军人就业创业的先进事迹，营造有利于退役军人就业创业的良好氛围。

各地结合实际制定实施细则，贯彻落实情况及时报告。

退役军人事务部	财政部
中共中央组织部	人力资源和社会保障部
中共中央政法委员会	国务院国有资产监督管理委员会
教育部	国家税务总局
公安部	国务院扶贫开发领导小组办公室
民政部	中央军委政治工作部

2018年7月27日

附录 2

退役军人事务部等 7 部门 关于全面做好退役士兵教育培训工作的指导意见

退役军人部发〔2021〕53 号

各省、自治区、直辖市退役军人事务厅（局）、教育厅（教委）、财政厅（局）、人力资源社会保障厅（局）、征兵办公室，新疆生产建设兵团退役军人事务局、教育局、财政局、人力资源社会保障局、征兵办公室，各战区联合参谋部、政治工作部，各军兵种参谋部（战勤部）、政治工作部，军委机关各部门办公厅（秘书局、综合局）、政治工作局，军事科学院科研部、政治工作部，国防大学教育训练部、政治工作部，国防科技大学教务处、政治工作处，武警部队参谋部、政治工作部，各省军区（卫戍区、警备区）：

退役士兵为国防和军队现代化建设作出过重要贡献，是国家宝贵的人力资源。加强退役士兵教育培训工作，有利于促进退役士兵提升能力素质，有利于提高就业质量，有利于经济社会高质量发展，为全面建设社会主义现代化国家贡献新的力量。为贯彻《中华人民共和国退役军人保障法》，进一步做好退役士兵教育培训工作，现提出如下意见。

一、总体要求

以习近平新时代中国特色社会主义思想为指导，全面贯彻党的十九大和十九届二中、三中、四中、五中全会精神，坚持政府主导、社会支持，面向退役军士和退役义务兵，建立包括适应性培训、职业技能培训、学历教育和终身学习的教育培训体系，促进退役士兵为经济社会建设更好地服务。

二、普遍推行适应性培训

（一）加强职业技能储备培训和离队前教育。军队做好面向现役士兵的教育培训，支持其在服役期间学习储备多种职业技能，取得更多职业技能等级证书；进一步完善退役士兵离队前教育工作。县级以上地方人民政府退役军人事务部门积极主动配合驻地部队按需开展“送技能进军营”、定期开展“送政策进军营”等活动，宣讲政策形势，加强择业指导，实现区域内驻军单位基本覆盖。

（二）实施即退即训。面向自主就业退役士兵开展适应性培训，帮助其尽快转变角色融入社会。培训工作由省（区、市）退役军人事务部门结合实际统筹安排，在自主就业退役士兵返乡报到后及时组织实施，培训时长不少于80学时。

（三）确保培训实效。适应性培训要强化思想政治引领，面向自主就业退役士兵开展安全保密教育，树牢组织纪律意识；宣讲退役政策，普及相关法律法规；开展心理调适，促进角色转换；实施职业指导，分析就业创业形势，引导合理就业预期；组织人才测评，提供就业推荐、职业培训项目推介。采用“互联网＋培训”等多种教学手段，灵活安排教学，定期开展培训评估，确保教学效果。

三、全员开展职业技能培训

（四）优化培训模式。退役军人事务部门依托职业技能等级证书目录、职业技能培训机构目录中的机构面向自主就业退役士兵开展职业技能培训，实施学历证书＋若干职业技能等级证书制度（1+X证书制度）和学分银行制度，建立学习成果认定、积累和转换机制。地方各级退役军人事务部门在省域内联网设立自主就业退役士兵培训台账，加强对参训人员和教育培训经费的管理，制定培训资助标准，建立培训资金省级统筹机制，实现培训待遇省域内通兑；依托现有资源统筹建立退役军人就业创业园地，发挥示范作用。鼓励各省（区、市）教育培训机构对接共享优质培训资源，促进自主就业退役士兵职业技能培训均衡化发展。自主就业退役士兵可在达到法定退休年龄前接受一次免费职业技能培训，按规定由各地退役军人事务部门、教育部门选择实施1+X证书制度且对接职业教育国家学分银行的职业院校及应用型本科高校作为培训基地开展培训，培训成果计入职业教育国家学分银行。自主就业退役士兵在培训基地学校以外的培训机构参加培训，可在退役军人事务部门、人力资源社会保障部门统筹下，按照规定程序和标准享受资助待遇。

（五）提高管理服务能力。对签约合作的承训单位按有关规定实施合同管理，建立健全激励约束机制，定期开展检查考核，提高培训质量。深化退役士兵职业技能培训工作“放管服”改革，提高服务效能。严格执行保密规定，确保退役士兵信息安全。结合培训项目实际，科学设定学时要求。推动军地有关部门建立军事专业与职业对应目录和军地职业技能证书衔接机制，对军事专业资格证书，地方可视作对应职业的同级技能证书，发挥同等效力，不再重新鉴定评价。

四、全力支持提升学历

（六）支持从高校应征入伍士兵退役后复学深造。支持入伍前已被普通高等学校录取并保留入学资格或者保留学籍的退役士兵入学或复学，经学校同意并履行相关程序后可转入本校其他专业学习，免修公共体育、军事技能和军事理论等课程，直接获得相应课程学分，允许适当延长修业年限。高职（专科）升普通本科、成人本科按规定免试入学。符合条件的退役大学生士兵参加全国硕士研究生招生考试按有关规定享受加分照顾。服役期间获二等功以上奖励，符合全国硕士研究生招生考试报考条件的退役士兵可申请免初试攻读硕士研究生。适度扩大“退役大学生士兵”专项硕士研究生招生计划规模。

（七）鼓励高中、初中学历退役士兵提升学历。退役士兵参加中职教育实行注册免试入学；报考高职院校免文化素质考试。符合条件的退役士兵参加全国普通高考、成人高考，按规定享受加分照顾。高等学校可按规定通过单列计划、单独招生等方式招考退役士兵。将退役士兵服役期间的学历教育和非学历教育学习成果按规定记入国家学分银行，实现退役前后学习成果贯通连续。建立健全行业教育合作机制，对适合退役士兵就业的行业，加大行业系统内院校招生力度，以专业教育促进退役士兵入行就业，努力实现“入学即入职”。

（八）注重提升教学质量。退役军人事务部门可根据学费减免政策指导退役士兵按需报考。教育等部门按照国家有关规定，规范退役士兵培养过程，将教学成效作为重要因素纳入院校考核评优的指标体系。培养院校要设计符合退役士兵特点的人才培养方案，采用地方订单定向培养等方式，严把教学质量和教育纪律关口，在学业考核上对退役士兵和其他在校生“同大纲、同标准”。

五、开展终身教育培训

（九）实行职业生涯全过程培训。将退役士兵培训纳入国家终身职业技能培训制度体系。以职业素养提升、技术更新、技能等级晋升为培养目标，鼓励用人单位定期组织退役士兵参加岗位技能提升和知识更新培训，拓展职业上升空间。退役军人事务部门依托就业企业合作签约机制，支持合作企业为受聘退役士兵提供多渠道、多层级、多频次的教育培训。紧紧围绕服务乡村振兴、打造“双创”升级版等国家战略，开展退役士兵创业培训。

（十）建设全国退役士兵网络学习平台。依托现有资源，集成网络教学、信息推送、职业能力倾向测试、学习台账登记、统计分析等功能，为退役士兵在线参加适应性培训、职业技能培训、学历教育和终身教育培训提供平台支撑。建立政府引导、多方参与的资源共建共享机制，鼓励各类教育培训机构在网络学习平台面向退役士兵发布优质课程、开展线上培训、实施教学管理，提升培训效能。

六、加强组织领导

（十一）强化协同发力。各地区、各部门要进一步提高政治站位，高度重视退役士兵教育培训工作，多措并举，抓出实效。建立健全部门间协调机制，退役军人事务部门统筹协调，相关部门各司其职、协调配合，统筹规划退役士兵教育培训工作。推动实现区域间协调联动，依托乡村振兴和区域一体化发展，对接共享优质教育培训资源。各地区结合实际，由教育等部门研究制定落实退役士兵终身教育培训政策的具体措施，建立年度报告、检查和评估机制。

（十二）优化经费保障。自 2019 年秋季学期起，对通过全国统一高考或高职分类招考方式考入普通高等学校的全日制在校自主就业退役士兵学生均实行学费减免，减免最高限额按规定标准执行；全日制在校退役士兵学生全部享受本专科生国家助学金。退役士兵参加全日制中等职业教育的，按规定享受中等职业教育国家奖助学金和免学费政策。

自主就业退役士兵适应性培训、职业技能培训经费可通过退役安置补助经费列支。地方财政要加强退役士兵教育培训经费保障，制定经费管理办法，提高资金使用效率。中央财政合理确定补助标准。有条件的地区在经费方面可对参战、军龄长、有立功受奖表现、所学技能多等级高的退役士兵学员适当倾斜，退役士兵各项教育培训经费按现有渠道拨付。

（十三）明确部门职责。退役军人事务部门负责退役士兵教育培训工作的协调推动；教育、人力资源社会保障等有关部门做好退役士兵招生录取、教学管理、技能鉴定评价、数据共享等工作；财政部门负责按规定落实退役士兵教育培训相关经费保障；军队有关部门负责组织实施士兵服役期间继续教育、离队前教育和退役后教育培训档案材料移交等工作，协同地方有关部门促进退役士兵军地技能证书有效衔接转换。

（十四）注重宣传引导。要创新宣传方式，充分运用各类新闻媒体，采取灵活多样形式，做好退役士兵教育培训工作的宣讲普及，提升相关政策影响力和知晓度。鼓励自主就业退役士兵在返乡报到和就业前的窗口期尽早参加职业技能培训。广泛开展各类交流活动，展示退役士兵参加教育培训成果，提高教育培训工作的吸引力。强化典型引领，积极宣传各地区、各部门开展退役士兵教育培训提高服务质量的经验与成效，营造支持和服务退役士兵教育培训的良好环境。

退役军人事务部　　教育部
财政部　　人力资源社会保障部
中央军委政治工作部　　中央军委训练管理部
中央军委国防动员部
2021年9月7日

附录 3

退役军人事务部等 8 部门
关于促进退役军人到开发区就业创业的意见

退役军人部发〔2021〕6 号

各省、自治区、直辖市退役军人事务厅（局），发展改革委、科技厅（委、局）、财政厅（局）、自然资源厅（局）、商务厅（局），新疆生产建设兵团退役军人事务局、发展改革委、科技局、财政局、自然资源局、商务局，海关总署广东分署、驻天津、上海特派办，各直属海关，税务总局各省、自治区、直辖市、计划单列市税务局：

退役军人是重要的人力资源，是建设中国特色社会主义的重要力量。促进他们到企业、产业集聚的各类开发区实现稳定就业、投身“双创”实践，对更好实现退役军人自身价值、助推经济社会发展、服务国防和军队建设具有重要意义。退役军人到开发区就业创业促进工作要以习近平新时代中国特色社会主义思想为指导，坚持政府推动、市场引导、社会支持相结合，紧密结合国家区域发展战略，调动各方面力量共同推进，保障退役军人在本区域就业创业享受同等条件下优先、普惠基础上优待。现就促进退役军人到开发区就业创业提出以下意见。

一、落实扶持政策

（一）开发区内退役军人从事个体经营或企业招用退役军人，符合相关规定的，可享受税收优惠政策。

（二）对退役军人创办中小微企业吸纳就业困难人员、农村建档立卡贫困人员就业的，按规定给予社会保险补贴。

二、积极促进就业

（三）发挥各区管委会促进就业的主导作用，需管委会审批、核准的生产经营性项目，享受管委会政策扶持的企业，在招录用工时，同等条件下优先录用退役军人。鼓励所有驻区企业优先招用退役军人。

（四）政府投资项目以及区内自行投资项目产生的岗位，招聘的物业公司、自身平台公司等企业和机构用工岗位中，设定一定比例（数量）招用退役军人。

（五）各区在开展的特色招聘活动中设置退役军人招聘专区，定向提供适合退役军人就业的岗位。

（六）加强岗位信息归集提供，建立各区与退役军人事务部门岗位信息共享渠道，用好退役军人就业创业网、中国开发区网等平台，加快实现公共机构岗位信息区域和全国公开发布。定期统计并与当地退役军人事务部门共享区内退役军人就业数据。

三、优化创业环境

（七）鼓励政府投资开发的孵化基地等创业载体对退役军人予以优先支持。对各区孵化基地等创业载体，优惠或免费提供退役军人场地、设置退役军人专区的，当地政府可视情给予适当支持。

（八）加大对退役军人初创企业的土地使用、项目遴选、贷款抵押、导师推荐、房租减免、住房优惠等政策扶持力度，降低创业成本。鼓励各区根据实际情况出台相关措施，对退役军人创办的紧跟国家产业发展导向的、获得版权注册或专利等创新技术的、推动经济转型或具有较强就业吸纳作用的企业，给予重点关注和支持。

（九）充分发挥创业投资和政府创业投资引导基金作用，支持退役军人初创企业发展。

四、加强服务管理

（十）发挥区内创新创业服务机构作用，在同等条件下，优先优惠为退役军人及其创办企业提供有关金融、外贸、法律、保险、审计、会计、知识产权、资产评估、计算、测试、信息咨询、人才交流与培训等支撑服务。

（十一）鼓励各区开设退役军人“绿色通道”，对符合入驻条件的，简化相关核准手续。

（十二）加强对区内退役军人创办企业的信用培育。退役军人创办企业申请高信用等级管理的，应加快认定工作进程。

（十三）对违反国家及地方法律法规、各区相关制度及管理规定，造成社会危害、损害退役军人及军创企业良好社会形象的，依法依规进行处理。

本意见所称开发区是指经济技术开发区、高新技术产业开发区、海关特殊监管区域等国家级开发区和经济开发区、工业园区、高新技术产业园区等省级开发区，具体可参照《中国开发区审核公告目录》。各地要高度重视、上下配合，结合实际情况，制定具体措施，积极促进退役军人就业创业。

退役军人事务部　国家发展改革委
科技部　财政部　自然资源部
商务部　海关总署　税务总局
2021 年 1 月 27 日

附录 4

退役军人事务部等 16 部门
关于促进退役军人投身乡村振兴的指导意见

退役军人部发〔2021〕48 号

民族要复兴，乡村必振兴。习近平总书记和党中央高度重视乡村振兴，强调要“举全党全社会之力推动乡村振兴”，指出“乡村振兴，人才是关键”。退役军人是重要的人力人才资源，是社会主义现代化建设的重要力量。促进退役军人投身乡村振兴，既是响应国家号召、投身国家战略的具体体现，也是引导他们返乡干事创业、实现人生价值的重要途径，有助于推动农村基层社会治理现代化能力提升，有助于推动农业农村经济社会更快更好发展，有助于推动乡村国防动员能力进一步强化。现就促进退役军人投身乡村振兴提出以下指导意见。

一、拓宽就业渠道

（一）鼓励退役军人到乡村重点产业创业就业。引导有资金、有技术、懂市场、能创新的退役军人，在农业内外、生产两端和城乡两头创业，发展特色种植业、规模养殖业、加工流通业、乡村服务业、乡村旅游和休闲农业等特色产业。重点支持返乡退役军人创办农产品储藏保鲜、分等分级、清洗包装等农产品初加工主体，发展蔬菜、水果、食用菌、茶叶等产业，利用新技术改造提升传统食品加工。引导农业产业化龙头企业、民营企业积极招用退役军人。支持退役军人从事乡村保洁员、水管员、护路员、生态护林员等工作，进一步增加就业收入。

（二）支持退役军人领办新型农业经营主体。鼓励退役军人创办领办家庭农场、农民合作社、农业社会化服务组织等新型农业经营主体和服务主体，并积极吸纳农村退役军人就业。支持退役军人中的乡村工匠、文化能人、手工艺人发挥自身特长，创办家庭工场、手工作坊、乡村车间等，开发剪纸、蜡染、刺绣、石雕、砖雕等乡土产业，领办兴办智慧农业、视频农业、直播直销等数字农业经营主体，创新产品营销模式，扩大销售市场，带动农民增收。

（三）持续引导退役军人参与乡村建设和基层治理。注重从退役军人党员中培养选拔村党组织书记，推动村党组织带头人队伍整体优化提升。落实艰苦边远地区乡镇公务员考录政策，适当降低门槛、放宽开考比例，鼓励县乡两级拿出一定数量的职位面向具有本地户籍或在本地长期生活工作的退役军人招考。鼓励复学的退役大学生士兵参加“一村一名大学生”、“三支一扶”等计划，反哺农业农村。引导退役军人从事乡村教师、农业经理人、乡镇人民调解员等职业，在同等条件下优先聘用，充实乡村建设人才队伍。鼓励各地通过适当方式引导退役军人参与农村环境整治提升、乡村公共基础设施建设及基本公共服务活动。

二、强化培育赋能

（四）引导参加学历教育。鼓励退役军人报考农业类高职院校，按规定享受优待政策。支持返乡入乡退役军人依托弹性学制、农学交替、送教下乡等教学培养方式，就地就近接受职业高等教育。

（五）加强涉农类职业技能培训。支持返乡入乡退役军人参加农业类相关职业技能培训。鼓励职业院校围绕本地农产品特色，瞄准本地新农村建设要求，推出一批实用性强、见效快的中短期培训项目，符合条件的按规定纳入职业培训补贴范围，不断提高返乡入乡退役军人农技致富能力。

（六）做好农业创业培训。依托高素质农民培育计划，支持符合条件的退役军人参与新型农业经营和服务主体能力提升、种养加能手技能培训、农村创业创新带头人培育、乡村治理及社会事业发展带头人培育等行动，提升退役军人创业就业能力。按规定将符合条件的退役军人纳入农村实用人才带头人示范培训、地方农业执法骨干培训、农村创业创新培训、农机合作社运营管理等培训范围，针对性提升退役军人参与乡村振兴能力。有序推动农村创业创新导师队伍建设，加快培训平台共建共享，探索“平台＋导师＋创客”服务模式。

三、加强政策支持

（七）落实财税优惠政策。对符合条件的返乡创业退役军人，按规定纳入创业扶持政策范围。对符合条件的返乡入乡创业企业提供创业担保贷款贴息支持。充分发挥农产品产地冷藏保鲜设施建设、农业产业融合发展等项目的示范引领作用，引导、鼓励退役军人参与。返乡入乡退役军人从事个体经营或在乡企业招用退役军人，可按规定享受税收优惠政策。退役军人在乡村创办中小微企业，吸纳就业困难人员并为其缴纳社会保险费的，按规定给予企业社会保险补贴。

（八）加大金融政策支持。鼓励和支持金融机构创新金融产品和服务方式，引导银行机构提供专属信贷产品，推广“互联网＋返乡创业＋信贷”等模式，满足退役军人返乡创业融资需求。发挥政府性融资担保机构作用，为符合条件的返乡入乡退役军人提供融资担保，鼓励保险机构为退役军人农业创业企业提供综合保险服务，支持退役军人创办的乡村企业。引导各类产业发展基金、创业投资基金投入返乡入乡退役军人创办的项目，鼓励社会资本设立退役军人返乡入乡创业基金，拓宽资金保障渠道。

（九）加大用地政策支持。严格落实相关法律法规，在农村土地承包经营权、宅基地使用权、房屋财产权、集体收益分配权保障过程中，对回到农村、符合条件的退役军人，加强信息对接，维护合法权益。鼓励各地制定细则，在新编县乡级国土空间规划、省级制定土地利用年度计划中做好各类用地安排，支持退役军人等返乡入乡创业就业人员发展农村产业融合发展项目用地需求。农村整治用地指标，优先用于符合条件的返乡入乡退役军人。允许在符合国土空间规划和用途管制要求、不占用永久基本农田和生态保护红线的前提下探索创新用地方式，支持退役军人创办乡村休闲旅游等新产业新业态。

（十）加大保障政策支持。符合住房保障条件的退役军人家庭纳入城镇住房保障范围。推动地方政府建立社保关系转移接续机制，将返乡创业退役军人的权益纳入法治保障。

四、优化服务保障

（十一）做好公共服务。鼓励公共人力资源服务机构免费为退役军人提供职业介绍、创业指导等服务。建立完善退役军人就业台账，动态跟踪退役军人返乡入乡就业创业情况。鼓励各地打通部门间信息查询互认通道，提高服务精准度。积极培育市场化中介服务机构，引导行业协会商会发挥作用，鼓励为退役军人提供专业服务。积极邀请、支持、组织退役军人涉农企业参加各类招聘活动，有条件的可以设置退役军人涉农专区或专场招聘。

（十二）发挥聚集功能。依托农村产业融合发展示范园、农产品加工园、高新技术园区等，按规定设立一批乡情浓厚、特色突出、设施齐全的退役军人就业创业园区。建设一批集“生产＋加工＋科技＋营销＋品牌＋体验”于一体、“预孵化＋孵化器＋加速器＋稳定器”全产业链的孵化实训基地、众创空间和星创天地等，帮助退役军人开展上下游配套创业。

（十三）强化宣传激励。通过优秀人才评选、创新创业比赛、职业技能大赛等途径，每年选树一批乡村人才中的退役军人先进典型，按照国家有关规定给予表彰，引导退役军人增强力争上游、务农光荣的思想观念。掀起退役军人“返乡创业光荣、自主创业光荣、服务创业光荣”的社会新风尚，用身边人身边事教育引导身边人，让退役军人学有榜样、干有方向。对招用退役军人较多的乡村企业典型予以宣传，在退役军人事务、农业农村、工商联等相关评选表彰活动中，同等条件下予以优先考虑。

各地各部门要高度重视、相互配合，形成齐抓共管的工作合力，结合实际情况，拿出管用措施，积极促进退役军人投身乡村振兴，让退役军人就业创业有成就感、有获得感、有归属感，为全面推进乡村振兴和加快农业农村现代化作出新的更大贡献。

退役军人事务部　　农业农村部
国家发展改革委　　教育部
工业和信息化部　　财政部
人力资源社会保障部　　自然资源部
住房城乡建设部　　文化和旅游部
中国人民银行　　税务总局
市场监管总局　　中国银保监会
全国工商联　　国家乡村振兴局

2021 年 8 月 16 日

附录 5

退役军人事务部等 12 部门
关于引导和鼓励民营企业招用自主就业退役军人的意见

退役军人部发〔2022〕6 号

各省、自治区、直辖市及新疆生产建设兵团退役军人事务厅（局）、党委统战部、教育厅（教委、局）、科技厅（委、局）、工业和信息化主管部门、人力资源社会保障厅（局）、自然资源厅（局）、市场监管局（厅、委）、银保监局、工商联；中国人民银行上海总部，各分行、营业部管理部，各省会（首府）城市中心支行，各副省级城市中心支行；各军种后勤部，战略支援部队参谋部，联勤保障部队战勤部，军事科学院、国防大学管理保障部，国防科技大学供应保障部，武警部队后勤部：

为贯彻习近平总书记关于退役军人工作重要论述和民营经济发展的重要指示精神，落实党中央、国务院有关决策部署，促进退役军人到民营企业就业、更好实现自身价值和社会价值，助力民营经济高质量发展，现就引导和鼓励民营企业招用自主就业退役军人提出以下意见。

一、深化思想认识

退役军人为国防和军队建设作出了重要贡献，是社会主义现代化建设的重要力量。促进退役军人更加充分更高质量就业，是实现“让军人成为全社会尊崇的职业”的必然要求，是助推退役军人由军事人力资源向经济社会发展重要力量转化的有效途径，是维护退役军人合法权益和社会大局稳定的重要举措。民营企业是创造社会财富的重要市场主体，是推进经济建设发展的重要力量，是吸纳就业的重要渠道。尊重、关爱退役军人是全社会的共同责任，军地有关部门都有在各自职责范围内做好退役军人保障工作的义务。通过制定就业优先政策，完善调控手段，强化货币、投资、消费、产业、区域等支持，引导鼓励民营企业招用退役军人，既有助于优化企业职工队伍结构、增强企业竞争力，又有助于提升退役军人获得感、幸福感、荣誉感，为加强国防和军队建设、维护社会大局稳定做出积极贡献。

二、加大政策支持力度

（一）加大职业培训力度。鼓励符合条件、积极吸纳自主就业退役军人的民营企业与职业院校合作开展“现代学徒制”培养，引导其用好职业院校、自身培训机构（基地）和培训资源对自主就业退役军人开展订单、定岗、定向式职业技能培训。鼓励民营企业通过“企业新型学徒制”模式吸纳更多自主就业退役军人，按规定享受职业培训补贴。对符合条件的民营企业，招用自主就业退役军人达到一定比例的，在同等条件下优先入选退役军人教育培训承训机构黄页（目录），提高社会影响力。

（二）加强项目扶持。鼓励符合条件的退役军人创办中小企业和积极招用自主就业退役军人的民营中小企业参与“专精特新”中小企业培育及科技型中小企业评价等，并按规定享受相关政策。军队系统在更新完善有关供应商目录时，招用自主就业退役军人达到一定比例的企业和退役军人创办并积极招用自主就业退役军人就业的企业，可在同等条件下优先入围。

（三）优化供地保障。各地在认定民营重大产业项目时，符合条件且招用自主就业退役军人达到一定比例的民营企业，同等条件下优先考虑，并按规定享受相关政策，优先使用相关土地计划指标。鼓励各地制定细则，将农村整治用地指标，优先用于符合条件的返乡入乡退役军人和招用自主就业退役军人达到一定比例的民营企业。积极推进工业用地弹性年期出让、长期租赁、先租后让、租让结合等供地方式，优先支持退役军人创办企业和招用自主就业退役军人达一定比例的民营企业发展，到期后同等条件下优先续约。

（四）降低要素成本。充分发挥全国退役军人就业创业信息平台作用，建立健全精准供需对接机制，定期举办民营企业线上线下招聘活动，为招用自主就业退役军人的民营企业设置专区，节约企业招聘成本。对招用自主就业退役军人达到一定比例的民营企业，按规定适当降低相关水、电、租金等费用，支持符合条件的民营企业参与电力直接交易，降低企业生产成本。

（五）强化金融支持。对退役军人自主创业符合条件的，按规定落实创业担保贷款政策。鼓励各地设立退役军人就业创业发展基金，积极发挥国家和地方中小企业发展基金作用，为招用自主就业退役军人达到一定比例的民营企业提供资金支持。鼓励商业银行发行小微企业专项金融债，拓宽小微信贷资金来源渠道，积极支持符合条件的退役军人创业就业相关小微企业。鼓励有条件的地方建立地方政府融资担保和风险补偿机制，为退役军人自主创业和吸纳自主就业退役军人比例较高的小微企业提供融资配套支持。

（六）落实税收优惠。各级退役军人事务部门要广泛深入宣传现行政策，深化与相关部门的沟通协作，充分发挥各级服务中心（站）就业创业扶持作用，依据《财政部　税务总局　退役军人部关于进一步扶持自主就业退役士兵创业就业有关税收政策的通知》（财税〔2019〕21号）等政策文件，支持符合条件的自主就业退役军人创业企业和招用自主就业退役军人的民营企业按规定享受税收优惠。若相关政策调整，则按新的政策文件规定执行。

三、完善相关机制建设

（七）健全常态化沟通机制。鼓励各级退役军人事务部门会同相关部门，与积极招用退役军人就业的民营企业建立常态沟通机制，扩展沟通渠道和平台。指导行业商会和民营企业设立“企业退役军人就业服务中心（站）”，定期开展调研走访交流活动，深入了解企业生产经营状况和招用退役军人情况，协助企业发挥退役军人模范作用，助力企业纾困解难。

（八）完善荣誉激励机制。鼓励各级退役军人事务部门与优秀民营企业签订协议，开展就业合作，专招、直招退役军人。设立“退役军人就业合作企业光荣榜”，择优遴选积极招用自主就业退役军人的合作企业上榜宣传。对事迹突出的合作企业或企业家，积极纳入各级双拥模范、优秀中国特色社会主义事业建设者、退役军人工作先进单位（个人）等评选表彰范围。对积极招用自主就业退役军人并作出突出贡献的民营企业家，在工商联执委会等任职推选时，同等条件下优先考虑。

四、加强服务宣传工作

（九）持续优化服务。鼓励各地优先将支持退役军人就业的民营企业纳入公共服务平台网络服务范围，提供精准服务。充分发挥行业龙头企业作用，带动产业链中小企业协同开展技术创新，优先支持招用自主就业退役军人达到一定比例的企业发展新产业、新技术、新模式、新业态，带动退役军人转型提升。充分用好就业创业导师团队、行业协会商会专家团队等社会力量，为招用自主就业退役军人的企业在应对风险、转型升级、技术创新等方面提供专业咨询服务。

（十）加强典型宣传和引导。积极挖掘在民营企业就业的退役军人先进人物、民营企业招用退役军人的典型做法等，充分利用主流媒体和自媒体平台进行宣传推广，营造良好社会氛围。

本意见中所称自主就业退役军人，是指自主择业军转干部、复员干部、自主就业退役士兵。“招用自主就业退役军人达到一定比例”，是指参照《关于印发中小企业划型标准规定的通知》（工信部联企业〔2011〕300 号）（若有修订以最新标准为准），小微型企业招用自主就业退役军人（以签订 1 年以上劳动合同为准，下同）占总职工数 20% 以上；中型企业招用自主就业退役军人占总职工数 10% 以上；大型企业招用自主就业退役军人占总职工数的 5% 以上；职工人数超过 4000 人的大型企业，自主就业退役军人职工数达到 200 人以上的，可视同“达到一定比例”。各地可结合地区实际情况，在此基础上调整比例。

退役军人个体工商户和招用自主就业退役军人的个体工商户参照执行。

各地各部门要高度重视、上下配合，制定具体措施，科学设定标准，积极引导和鼓励民营企业招用退役军人，支持退役军人创业带动就业，实现退役军人更加充分更高质量就业。

退役军人事务部	中央统战部
教育部	科技部
工业和信息化部	人力资源社会保障部
自然资源部	中国人民银行
市场监管总局	中国银保监会
全国工商联	中央军委后勤保障部

2022 年 1 月 6 日

附录 6

退役军人事务部　教育部　人力资源社会保障部
关于促进优秀退役军人到中小学任教的意见

退役军人部发〔2022〕46 号

各省、自治区、直辖市退役军人事务厅（局）、教育厅（教委）、人力资源社会保障厅（局），新疆生产建设兵团退役军人事务局、教育局、人力资源社会保障局：

为深入贯彻落实习近平总书记关于教育和退役军人工作重要论述，拓宽退役军人就业渠道，加强中小学教师队伍建设，落实立德树人根本任务，努力培养担当民族复兴大任的时代新人，现就促进优秀退役军人到中小学任教有关工作提出如下意见。

一、深刻认识重要意义

（一）优秀退役军人是充实中小学教师队伍的重要力量。退役军人政治信念坚定，使命责任强烈，作风素养过硬，在传承红色基因、为党和人民培养可靠接班人方面具有独特优势。部分优秀退役军人在部队练就了“会讲、会做、会教、会做思想工作”的基本功，具备担任中小学教师的潜质，成为充实中小学教师队伍的重要力量。

（二）促进优秀退役军人到中小学任教是推动新时代教育事业发展的重要举措。青少年是祖国的未来，民族的希望。在基础教育阶段，加强思想品德培养、引导价值观养成格外重要。吸收优秀退役军人担任中小学教师，有利于推动落实立德树人根本任务，助力改善中小学教师队伍学科结构和性别比例，不断提升优化育人环境、促进青少年全面发展。

（三）促进优秀退役军人到中小学任教是做好新时代退役军人工作的重要途径。拓宽了退役军人就业渠道，实现了退役军人高质量就业，促进了退役军人思想稳定，有助于继续发挥退役军人优势，弘扬勤勉敬业、乐于奉献的潜心育人精神，实现退役军人由军事人才向经济社会建设人才的转变，在新事业新岗位上贡献力量。

二、实施师范专业人才培养

（四）扩充师范专业教育机会。符合条件的退役军人参加高考按规定享受加分照顾。支持有条件的高校优化招生结构，扩大师范类学科“退役大学生士兵”专项硕士研究生招生计划、专升本的退役大学生士兵招生计划。按规定做好退役大学生士兵复学转专业等工作，优先开放师范类专业并提供专业补习等帮助。退役军人报考专升本师范专业，各地可结合相关人才培养实际，合理确定对应专业范围。各省（区、市）可结合实际依托本地师范类、体育类高等院校开设退役军人师范教育、体育专业专修班。在读师范专业退役大学生士兵按规定享受学生资助政策。

（五）提供教育教学能力专项培训。依托师范院校对符合基础条件且有从教意愿的退役军人开展教育教学能力专项培训。鼓励省际联合开展专项培训，共享优质教育资源。结合退役军人特点，着重培训思想政治、国防教育、体育等任教专业。符合教师资格考试报名条件的退役军人均可申请参加。

三、畅通任教发展通道

（六）支持到中小学任教。各地在制定中小学教师招聘计划时，可面向退役军人单列计划。综合考虑服役年限等因素对退役军人相应放宽年龄限制，并在教师招聘公告中予以明确。退役军人在服役前 1 年内取得中小学教师资格考试合格证明的凭入伍通知书、退役证书等相关材料，教师资格考试合格证明有效期可延长 2 年。有条件的地方将退役军人教师纳入教职工编制“周转池”制度。相关地区可结合特岗计划、“三支一扶”“西部计划”等高校毕业生基层服务项目，支持鼓励符合条件的退役军人毕业生优先到中小学任教。

（七）支持多元化发展。中小学校要遵循教师成长规律，加强退役军人教师的专业培训和跟踪培养，配备优秀骨干教师传帮带；要发挥好退役军人教师优势，在爱国主义、集体主义、中国特色社会主义教育，在理想、道德、纪律、法治、国防和民族团结教育中提供施展才能的舞台空间，巩固学校思想文化阵地，加强国家安全教育。退役军人教师的服役年限按照国家有关规定计算养老保险缴费年限。绩效工资分配、职称评定、岗位晋级考核中，要综合考虑退役军人教师的教学业绩、教书育人实效以及对学校的贡献作用，全面客观评价，体现激励导向。

中小学行政、工勤空岗优先接收安置政府安排工作的退役军官和退役士兵。将获得教师资格的退役军人纳入中小学兼职体育教师选聘范围。鼓励退役军人在学校军训任务中担任军训教官。鼓励为学校提供安保服务的相关企业聘用更多退役军人，并兑现有关吸纳退役军人就业企业的优惠政策。

四、加强组织领导

（八）建立健全工作机制。各地要在当地党委教育工作领导小组领导下建立健全促进优秀退役军人到中小学任教工作机制，高位推动工作。要结合实际提出落实措施，深化政策统筹，处理好改革、发展和稳定关系，设计衔接好选拔、培养、聘用、发展各个环节。要强化各级各部门之间信息沟通共享，建立定期会商机制，推动解决重点难点问题。

（九）明确责任分工。各有关部门要加强协同配合，形成工作合力。地方各级退役军人事务部门负责宣传动员、摸清底数、审核退役军人身份，引导退役军人结合自身实际积极参加中小学教师招聘。地方各级教育部门、人力资源社会保障部门负责指导师范院校和中小学校制定培养和招聘计划，督促师范院校和中小学校落实各项倾斜政策。

（十）加强经费保障。地方各级退役军人事务部门将教育教学能力专项培训纳入退役军人教育培训补助项目范围，合理统筹使用经费，提高资金使用效率。地方各级教育部门要保障师范专业退役军人学生资助等相关经费。

（十一）实施督查检查。地方各级退役军人事务、教育、人力资源社会保障部门定期组织联合督查检查，将是否落实倾斜政策、建立长效工作机制、形成人才培养体系作为检查内容。检查结果作为评价履行教育、退役军人事务职责和对学校实施绩效奖励、评优评先等方面的重要参考依据。

退役军人事务部　教育部　人力资源社会保障部
2022 年 6 月 14 日

后记

退役军人是党和国家的宝贵财富，是推进中国式现代化的重要力量。做好退役军人就业创业工作，是学习贯彻习近平新时代中国特色社会主义思想，促进退役军人高质量发展和落实就业优先政策的重要内容。退役军人事务部退役军人培训中心组织编写《新时代退役军人就业指导》和《新时代退役军人创业指导》两本培训教材，旨在深入落实党中央、国务院关于"稳就业"决策部署，帮助广大退役军人积极开阔就业视野，开拓创业途径，充分发挥退役军人在中国式现代化建设中的独特作用。

《新时代退役军人就业指导》一书分为形势分析、职业规划和职场成长三篇，共十一章。形势分析篇介绍了退役军人就业的政策环境及发展机遇，分析了当前的就业形势及适合退役军人发展的职业。职业规划篇讲述了退役军人如何进行职业规划，以及参加职业技能培训和学历提升的发展路径。职场成长篇从求职竞聘、参加面试到各类入职考试、考取资格证书及应对求职骗局等多个维度，帮助广大退役军人丰富就业选择，拓展职业发展空间。

本书由朱尧耿同志主持编写，曹月娥同志担任主编，孟盛益、陆志军、杜士强、李巍岳、何聪任副主编，赵晖负责全书统稿及编排。参加各章编写工作的有：李沛欣（第一章和第十章），王欢（第二章和第十一章），李源峰（第三章和第七章），马鸿熙（第四章），陈雷（第五章），张洪源（第六章），蔡宣健（第八章和第九章），伍圣（附录）。王志明、谷静学同志对该书提出了宝贵的修改意见。

在本书的使用过程中，希望广大读者提出宝贵意见，我们将结合实际修订完善。

征订联系人和联系电话：肖建飞；（010）84512843/ 84516153；传真：（010）84512843。

退役军人事务部退役军人培训中心

2024 年 12 月